MIND心研社图书

为 心 灵 提 供 盔 甲 和 武 器

这本书让我在这单薄的书页里不再感到孤单，它能让人感受到安心、温暖和幽默，毫无疑问，它还会帮助到无数的人，让他们不再感到那么孤单，这是一本关于心理健康的书所应该做到的最好的事情。

——梅根·克拉布（《生理正能量》作者）

当你悲伤时 请记住

女生心理健康行为指南

[荷]玛吉·凡·艾克（Maggy Van Eijk）——著
李菲——译

北京联合出版公司
Beijing United Publishing Co.,Ltd.

图书在版编目（CIP）数据

当你悲伤时请记住 ：女生心理健康行为指南 /（荷）玛吉·凡·艾克著 ；李菲译. -- 北京 ：北京联合出版公司，2019.4
ISBN 978-7-5596-3058-2

Ⅰ. ①当… Ⅱ. ①玛… ②李… Ⅲ. ①女性心理学—通俗读物 Ⅳ. ① B844.5-49

中国版本图书馆 CIP 数据核字（2019）第 056688 号

当你悲伤时请记住 ：女生心理健康行为指南

作　　者：〔荷〕玛吉·凡·艾克
总 发 行：北京华景时代文化传媒有限公司
译　　者：李　菲
策　　划：耿璟宗
责任编辑：郑晓斌　徐樟
特约编辑：李光远
营销编辑：张　楠
封面设计：仙境设计

北京联合出版公司出版
（北京市西城区德外大街 83 号楼 9 层 100088）
北京中科印刷有限公司印刷 新华书店经销
字数 156 千字 880 毫米 ×1230 毫米 1/32 7.5 印张
2019 年 4 月第 1 版 2019 年 4 月第 1 次印刷
ISBN 978-7-5596-3058-2
定价：42.80 元

致 安妮和桑迪

你不能回到过去重新来过，

但你可以用过去指导你的未来，

只有你才能成为自己的摆渡人。

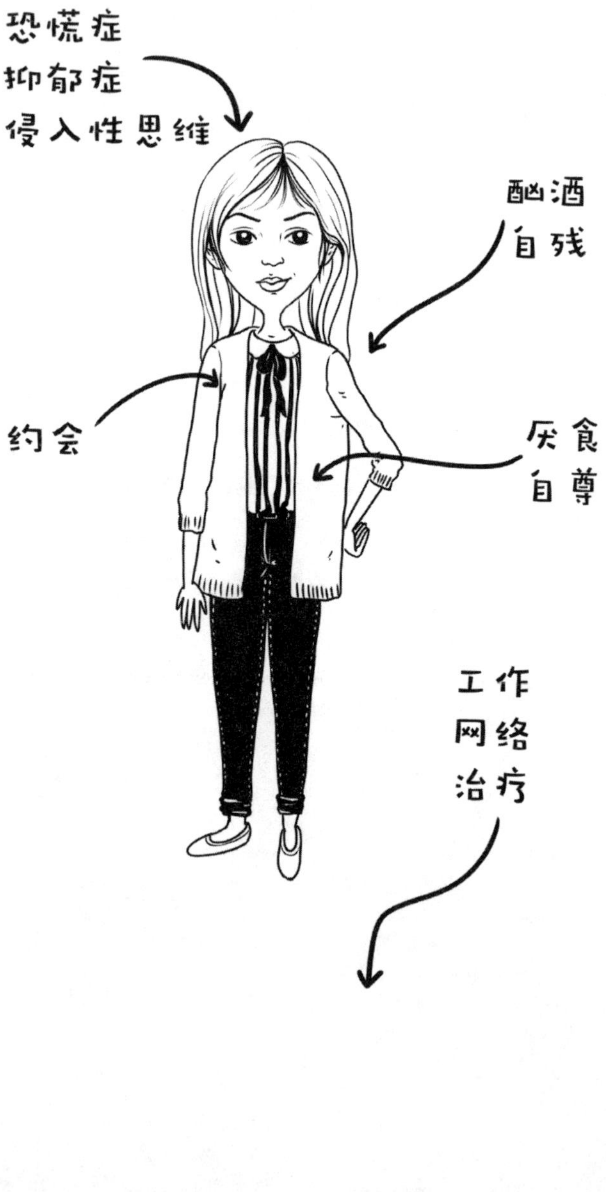
恐慌症
抑郁症
侵入性思维
酗酒
自残
约会
厌食
自尊
工作
网络
治疗

目录

外面的世界

编者序

很荣幸，这本书能被你拿在手里，或许你是被漂亮的封面所吸引，也或许你是一个悲伤的人，希望找到一个简单、实用的方法帮你摆脱这无尽的悲伤。是的，就如你想象的那样，这是一本关于心理疗愈的书。在这本书里作者不仅用细致的语言描写了她在心理问题发作时内心各种稀奇古怪的念头，还描写了她的焦虑症、抑郁症发作时的详细情景。

作者也在用本书提醒你，遇到这种问题的时候不要做什么。作者列出了很多份行为清单，告诉你情绪失控的时候该做点什么。希望这些清单，能帮助你早日摆脱心里的阴影。

就像作者在前言里所说的，每个人面对的心理问题都不尽相同。只求，能更多地帮助到那些跟作者有类似经历的人，帮助那些深陷痛苦无法自拔的人。让你知道**“无论你遭遇多么糟糕的状况，总有摆脱这些麻烦、困扰的出路”**。

本书将你有可能会面临的状况，分为四个部分十二章，当你遇到这些状况时，请打开本书的相应章节，找到属于你的合适方法。

同时，为了方便阅读，本书编者将文中可能对你有帮助的文字做了重点标注。

希望你能早日摆脱悲伤，快乐生活。

MIND 心研社 编辑部

前言

“这样好吗？”

“这样真的好吗？”

“你确定这样真的可以吗？”

我经常会这样问自己，有时候甚至还会大声说出来，希望有人能给我一个答案，但显然很多时候这是不可能的。我向我的医生询问焦虑症情况的时候说过这话，第一次服用抗抑郁药物的时候也说过，自己去急救室就诊的时候也说过，构思写作本书的时候，我也说过这话。

我如今仍然深受心理疾病困扰，现在写一本关于心理健康的书，这样真的可以吗？我感觉这就像在战场上做关于战争的实况报道，或者在地震灾区报道地震状况一样。

其实我心里清楚，写一本这样的书是很好的，因为这能够帮助我继续治疗。我有多种心理健康问题，有时候这些问题一起出现，让病情看起来非常复杂。一次只出现一种症状，相对而言比较容易控制；但当各种症状一起出现时，我感觉就像头顶着火盆走路一样。除了手臂上密密麻麻的伤疤，我的一切看起来都很正常，生活工作都没任何问题。

我希望，把我的故事写下来，把我的头脑翻个底朝天，让一些不可见的东西彻底曝光，这样我就能帮助跟我有类似经历的人，帮助那些身陷囹圄无法脱身的人。到目前为止，我已经知道，无论你遭遇多么糟糕的状况，总有摆脱这些麻烦、困扰的出路，你做出的每一次抉择都能让你更容易面对接下来的问题。我写这本书的目的就是要提醒读者们这一点，也是提醒自己。

从根本上而言，你的心理疾病也在骗你。它会提醒你，你做的一切都是错的。它会让你感到羞耻，让你觉得自己很讨厌。深受抑郁症和焦虑症困扰的人是很孤独的，我写这本书的目的也是想要告诉这些人："嘿，你们并不孤独，还有我在陪着你们。"

我以前说过，每个人的思想都是独特的，虽然我们的背景和所患的疾病可能相似，但我的故事跟你的故事却不可能完全相同。事实上，心理疾病的症状很奇怪。17 岁的时候，某医生说我得了单相抑郁症；20 出头的时候，另一位医生判断我是双相抑郁症，还有一位医生也说我是单相抑郁症；27 岁时，诊断结果又变成了边缘性人格障碍。每次收到新的诊断报告，我都假想，从医生的办公室出去后，我的人生将会彻底改变，但事实却并非如此。现在，我的心理健康状况仍然很糟糕，所以我必须努力改善这种状况。

本书并不是要详述我的边缘性人格障碍这种疾病，但会谈到这种心理疾病的某些症状。我还会谈到抑郁症、焦虑症的症状，以及自我伤害和自尊的含义，还有我的头脑、皮肤、心脏的状况和我周围环境的变化等内容。我会记载一些我们所有人都会经历的状况，如你觉得压力山大的时候；你生气或难过的时候；你身陷困境的时候；你觉得迷茫，需要一张地图来告诉你在哪儿，并告诉你第二天要去什么地方的时候。

抑郁跟悲伤、难过是完全不同的概念，不幸的是，我就患有抑郁症。**所以，本书里还有一些每日提醒，提醒我不要太过关注自己的心理问题。书里还有我贴在墙上、镜子上，甚至随手写在手背上的笔记和记录在手机和笔记本电脑中的奇闻逸事等，我希望这些内容能对你们有用。有些还被列在清单上。我喜欢这样的清单，能够让我厘清头脑中纷乱的思绪。**我会把每天必做的事情列一份清单，把它当成一份工作来完成，下班回家之后就列好。我也制作过更长的清单：周目标、月目标、年目标等。我还会列出奖励自己的清单，如文身、想买的书、想看的电影和音乐播放列表等。

对我来说，这些清单最重要的作用就是，它们跟我的未来直接相关，即便是我半小时后就要去做的事也是如此。**这些清单提醒我：我应该继续，不要轻易放弃。这也是我在本书中经常提到清单的原因。我希望，这些清单同样能够提**

醒你。

虽然我希望能够给你最适合的建议，但你要记住，心理健康问题可是说不清楚的。这世界上也没有可以适合每一个人的治疗方案。但是我发现，了解他人的类似经历能够让人获得安慰和启发，因此，我也希望本书能给你们带去安慰和启发。**如果本书的内容让你感到不安或不舒服，请一定要把这种难受的感觉说出来，以便他人能够帮到你。**

现在，我们开始进入我的故事吧。

第1章

当你焦虑时，请记住

20 岁那年，我跟男朋友参加了格拉斯顿伯里音乐节，站在罗米德楼顶端，我感觉自己快要死了。年轻的女歌手艾米·怀恩豪斯（英国国籍）出现在格拉斯顿伯里音乐节的金字塔舞台上。在音乐节的主办地沃西农场里，她声音性感，舞姿迷人，自带明星光环。她唱着《回归黑暗怀抱》（*Back to black*），歌词我很熟悉，我试图让自己沉醉进去，但问题是，我身上发生了一些可怕的事情。我感觉我就快死了。

《回归黑暗怀抱》之后，舞台上又传来《爱神》（*Cupid*）的歌声，这时，我双腿发软，胃部咕噜响，喉咙泛酸，陷入到恐惧当中。我倒在混杂着泥泞的草地上，真希望有人能代我告诉家人，我爱他们，因为我确实爱他们。最后我的大脑失去了意识，更糟糕的是我的生命似乎走到了终点。

我睁开了双眼，却发现自己并没有死去。我的男朋友把我抱进了救护帐篷，一路上确保我还在呼吸。护士用塑料杯子给我倒了杯水，要我躺在我的帐篷里休息。我离开音乐节演出现场的时候，还能听到远处传来的艾米 · 怀恩豪斯的歌声。

音乐节之后的那些天，无论是跟乐迷们一起听音乐，还是等着吃快餐，我都有种奇怪的头晕目眩的感觉，就好像马上要死去一样。我总是跑到我们的帐篷里哭泣，之后就躲进睡袋里呼呼大睡，什么也不管。我真希望这奇怪的状况只是意外，而我们在格拉斯顿伯里的行程不得不提前结束了。

离开格拉斯顿伯里，回到布里斯托大学后，我以为我当时在音乐节上之所以会头晕是因为脱水，也许是因为吃了某种奇怪的点心所致。但几天后，乘坐公交车时我又出现了那种症状，后来在学校的活动中心，甚至在上课和一对一辅导时都出现过那种症状。那段时间，我的感觉一直不太好。头脑一片空白，世间万事似乎都跟我没有关系。我去求医，有的医生说我可能有糖尿病，有的医生说我可能有脑瘤，慢性疲劳，还有的说我可能缺铁、眩晕，可能有脑膜炎，可能感染了埃博拉病毒，可能有“爱丽丝漫游仙境”症候（不要怀疑，医学上的确有这种症候名称），也可能有偏头痛、肠易激综合征等各种疾病。我不断地接受各种身体检查，但结果都是一切正常，我很健康。第五十六次就医时，一位全科医生问我是不是经常喝酒，我回答“几乎没喝过”，然后又问我是否吸毒，我回答“从未吸过”。听到我的回答，他将手中的笔放在了办公桌上。

“我知道我不该这么问，而你是个学生，你就没有参加过聚会？”

“我不喜欢外出。”

“为什么？”

“不知道，我就是不喜欢。”

“你有很多朋友吗？”

“嗯，没有。”

他转动了自己坐的转椅，面对着我。我又开始感觉昏昏沉沉的了。我的灵魂似乎已经脱离了自己的身体，墙上画里的那艘帆船似乎也开始不停地摇摆起来。

“你曾经被诊断出抑郁症或焦虑症吗？”

“我十几岁的时候去一位心理医生那儿咨询过，因为我曾经经常做出伤害自己的行为。”

“那现在呢？”

“不经常做。”

“不经常做？”

“现在没有以前的频率那么高了。”

他给了我一沓传单和便利贴，上面记载着各种相关的网站和知识内容等，让我认真读过之后，再回去找他。回家途中，我也考虑了一下这个新的诊断结果。也许我得的并不是什么绝症，也许我得的是——心理疾病？

我十几岁的时候曾经看过心理医生，那还是在我的祖国荷兰。那时候，医生并没有跟我提到“焦虑症”这个词，但我记得我确实跟医生说过这种感受。英文单词里，焦虑这个词很难懂。我对它的含义有点儿明白，但了解并不深刻。焦虑症究竟是什么？它有什么表现？根本不了解的事物，你怎么能够阻止它的侵袭呢？

对我来说，焦虑就像拿着一个水晶球，不过这个球是扭曲的、混浊的，而且球体内部一片杂乱。我一旦犯病，就会说这样的话："我在这里毫无前途，我讨厌我的老板，再也不会干媒体这行了！"

下一周，我的医生就确诊了，我得的是广泛性焦虑症。我已经知道了焦虑症，所以我也明白这是多么残酷的一种心理疾病。这的确是一种心理疾病，但却能给人带来生理上的不适。我的症状有出汗、颤抖、心悸、恶心。最后的恶心是我最讨厌的一种感受，即便是令人不快的症状已经结束了，我仍然有这种感觉。这总让我觉得想要呕吐，却并没有什么东西从喉头涌到嘴里来。上大学的时候，这种恶心感发展成了呕吐恐惧症，让我无法去上课，无法参与学校的社团活动，我甚至害怕离开住所。我总担心，走到任何地方我都可能会呕吐。有时候，我回家坐公交车也只敢坐一站远的距离，剩下的路我宁愿自己走，虽然整段路只需坐 20 分钟即可，但我忍不了那么久。

我还总是因为焦虑症而昏厥，并且已经昏厥过多次。我自己陷进了焦虑和疯狂的旋涡之中，我的呼吸失去了控制，气喘吁吁，头晕目眩，最后"砰"地倒在了地上。虽然我当时并没有任何危险情况（我晕倒在理发师面前时，她已经把剪刀举到我头顶了），但那一刻，我本能地认为我即将死去。人们最容易忽略焦虑症的这个方面，它不仅仅是要我们“冷静、平静”这么简单。你无法冷静，因为你就像被困在自己的身体里，只有生命之光熄灭时，你才能得到解脱，也就是说，你将要死去，而且你别无选择，这真是令人感到惊悚。

不然你就会陷入另一个极端：你总在担心，担心病情会再次发作。我就是这样，总在担心恶心、轻微的头晕或者手颤抖。我想象着一群军人围了过来，准备开战的场景：“她要反击了，大家都做好准备！”还有受过袭击后侥幸存活下来的一种羞耻感。你确定自己即将死去，但却还活着，这不免让人扫兴，不是因为我想要死，而是因为我本以为就要死了，但却活了下来，仍然有血液循环，心仍然在跳动。

我曾在乏味的地方发作焦虑症，我也没想到我的身体会有如此极端的反应。在布里斯托的一家阿斯达（英国零售业巨头之一，1999 年被沃尔玛收购）超市里，那时正值我焦虑症发作高峰期，我正准备跟男朋友买一点儿食物。那家超市规模很大，每一排货架上都有无数闪耀的彩灯。我在这样的大型超市购物时，总担心一旦进去就再也出不来：我可能会被这些灯光束缚住，无法脱身。超市就像一座被拆毁的迷宫，没有地方容人停下来休息。你要不停地快走，如果不够快的话，你就会挡住你身后需要购买东西的顾客。

我男朋友走在我前边，标记好我之前列出的要买的食品杂货的清单。多亏我总是担心到哪儿都会呕吐，上大学的时候，我几乎没有参加过社交活动，所以我就有足够的时间来制定比较长期的食物清单，比如一个星期。我会将各种食材进行不同的组合分类，这样去超市的时候会比较方便找寻。然后我会计算出购买这些食材所需的花销，这样我们就能各付一半的钱。我这样做，我男朋友一点儿也不介意，因为这样他既能省钱，又不用担心自己没东西吃。

我们在阿斯达超市里，正要去生鲜食品区时，我感到一阵恐慌。我站在货架之间的过道里，两旁明亮的灯光就像一股汹涌而来的潮汐，随时可能吞噬掉我。我将购物单递给我的男朋友，我感觉我们就像两位参与了一场重大战役的战士，临死时，我将我妻子和孩子的照片递给我的战友："去吧，勇敢一点儿，请代我告诉我的妻子，我爱她。"

旁观者可能会认为，当时我还比较正常。我男朋友去选购食材的时候，我决定找一个人少一点儿的货架。我找到了休闲区，挑了一本布兰妮·斯皮尔斯（别名"小甜甜"）的非官方传记，但我的视线已经开始模糊，眼前一片蒙胧。我跌倒在地上，但还是保持着坐姿。我感觉所有人都在盯着我看，因此我拿过那本小甜甜布兰妮的传记，假装读书。我一直坐在那里，后来，我的男朋友过来找我，我们就一起步行回家了。我实在不敢说出在超市里的状况，我觉得说出来是很愚蠢的行为，那天晚上，我一直躺在床上休息。

我还在别的场合发作过焦虑症，比在阿斯达超市的那次更加难受。我印象最深的一次是在阿斯达超市焦虑症发作一年半以后，那时我跟我男朋友已经分手了。我们已经在一起八年了，可以说是一起长大的，而且从未分开过。而我现在成了单身，我实在不知道怎么会变成这样。我还会遇到新的爱情吗?

当时，我的工作很乏味，是伦敦西区一家剧院的引座员。剧院里的一位同事 R 开始追求我，他长着深黑色头发，看上去温文尔雅，但其实就是个浪荡公子。我只要鼓足了勇气，就能够应付，并且偶尔做出回应。某天，在酒吧玩了一晚后，他问我愿不愿去他那儿，我当时觉得这真是个好机会。英俊的男孩邀你去他那儿，你答应了，因为你可以——这真是太棒了!

然而，事与愿违，我又不受控制地开始做出令人讨厌的行为。在我喜欢的人面前，我经常会隐藏自己的真实个性，假装自己是个有个性的人，希望自己的表现能让他们满意。“请喜欢上我，请喜欢上我，请喜欢上我。”我们乘坐地铁去 R 的家里时，我一直在这样想。在我们乘坐的那节车厢里，一个没牙齿的男人跟一个穿着灰色西服套装的商人吵了起来。听说，那个没牙齿的男人曾经出过意外，可能无法自己排泄，于是，那个商人就在那个没牙齿的人面前大吼大叫，说他很恶心，应该马上下车去洗个澡。

我本来应该将这件事当作厄运来临的前兆的（别着急，我也没有委屈了自己）。

R 和我去了他家里，看了一会儿《我是艾伦·帕特奇》，这是男孩们发现我不是英国人时，就会看的一档节目。随后我们去了他的卧室，我竭尽所能地装出一副性感迷人的样子，一点儿也没有做出什么令人讨厌的行为来。如果我很丑会怎样？如果我的身材不好看会怎样？如果我有体臭会怎样？根本就不可能有人愿意接近我。

然后我们就在一起睡觉了，我知道这么直接说出来肯定不雅，不过我真的想不起来这究竟对我有什么好处，因为我非常紧张。之后，他含含糊糊地说了些什么，大概是抱怨还没正式约会就这么睡了，我回应了一句："哦，是啊，我也这么觉得。"但我真正想说的是："等会儿，怎么回事？我们怎么了？发生了什么？我没回去吗？我该怎么做？"他闭上了双眼，似乎很快就睡着了，因此我也睡了。虽然我身体僵硬，感觉自己就像被冰冻住了，但我还是能睡得着。

夜里，我起来上厕所。当时，他和他妹妹、妹夫住在一起，这让我更加紧张。要见他们本身就够让我害怕的了。我要跟他们介绍自己吗？他们会认为我是个荡妇吗？他们会认为我无礼吗？"上过厕所就跑回房间。"我告诉自己。这听上去是很不错，但我因为太过紧张，根本排不出来。我的膀胱被憋得疼痛不已，但就是排不出来。我又惊又怕，心想："真见鬼，怎么也排不出来。"

我想到了流动的水，于是打开了水龙头，轻轻地哼着TLC乐队的《瀑布》，但还是一点儿作用也没有。

我最终决定放弃，因为我感觉头晕不已，想要回房间躺着。我赶快回房间躺下，这样就不会引人怀疑。走到走廊里时，我的腿骨都僵硬了。虽然房间里一片漆黑，但我的眼前却浮现出了很多蓝绿色的光点。我想要回卧室，但身体却不听使唤了。等我恢复了知觉，我才发现，我已经倒在了地上，我的脸砸在他妹妹的自行车上。R 从房间里出来，看到我趴在地毯上，这时，我只是朝他竖起了大拇指，意思是“不用担心，我一切都好”。

然后他半拖半拽着我回到了他的卧室，把我抱到床上，而我则一直跟他道歉。我脸上贴着绷带，还憋着尿，但仍然强迫自己睡觉，可怎么也睡不着。幸运的是，当时已经凌晨 4 点了，我只需再等两个小时，就能够离开了。分别的时候，我跟 R 击了一次掌，然后就赶往了车站。到家之前，我找了一家星巴克门店，在那里上了趟厕所。

令我惊讶的是，我们后来又见面了。我们甚至还约会了一年多一点儿的时间。我认识到，那些我以为是世界末日的糟糕事件，对别人来说其实不算什么。在别人家的走廊里昏倒也没什么，事后想起来还觉得非常有趣。

在阿斯达超市和在新男友家发作的恐慌，是两次最极端的情况，这都是因为我在当时的情况下感觉不舒服而引起的过度焦虑。其实，每一天焦虑症的表现都是千变万化的。它会一直存在，如影随形地跟着你。

焦虑症发作严重的话，状况如下。

- 半夜醒来想起了五年前说过的有点儿粗鲁的话，一直回忆到天亮。
- 醒来就会把那些确定非常讨厌我的人列一份名单，并注明他们讨厌我的理由，记录下曾经在街头偶遇他们时发生的故事。
- 离开家，过一会儿再回来，因为我总觉得有一堆砖头掉落到自己的头上。
- 不断地快速捶打自己的膝盖，经过我身边的人都来问我究竟怎么回事。
- 本打算洗个澡放松一下自己，然后却想起来，澡盆就是个打开的棺材，里面装着的洗澡水洗下来的正是我身体表面的污垢。
- 脑海中总回荡着一个声音，它告诉我，我就是个废物。
- 嘲笑同事说的话，然后突然停止，因为我的笑声听上去很放肆，其他人一定很讨厌我。
- 跟别人相处表面上非常愉快，但却发现他们私底下讨厌我。
- 我必须咨询六位朋友，讨论我发送给另一位朋友的短信是否有一点儿不合适，能不能百分百确认，他不会因此把我当作一个怪人。
- 外面很潮，我感觉都缺氧了，噢，天啊，为什么别人的呼吸都这么轻快呢?

- 恐惧感从我的脚底升起，一直探入我的体内，我冒出了一身的汗，我也不知道怎么会这样，我只不过坐在这里读邮件。
- 在黑暗中看到了一堆服装，还以为是一只巨大的花豹过来了，我想："哦，天啊，如果这是一只豹子该怎么办?" 然后就想道："哦，天啊，这想法是不是意味着我可能失去了理智?"
- 你跟某人本来相处愉快，但因为你可能说错或做错了什么，你不得不跟他分开。
- 工作时受了一点儿批评，但你并没有去改善状况，努力下一次做得更好一点儿，而是整天都在网上查看招聘广告，因为你认为他们会解雇你。

焦虑症发作不那么严重时，状况如下。

- 晚上休息得很好，因为我睡得着。
- 早起时先读一会儿书，因为我有足够的时间，可以慢慢起床，不用急匆匆出门。
- 坐着开会，不用担心会突然呕吐到他人身上。
- 出去游泳，不是因为我觉得自己屁股太大了，而是我很喜欢运动。

- 看电视消磨时间，是一件真实的犯罪案例，我完全被吸引了，并没有因为囚犯坐在囚车里而想象自己将要去死。
- 在公司的食堂里吃午饭，我觉得可以好好享受奶酪三明治，因为我并没有觉得自己的思想和身体脱节。
- 在推特网上发文，并没有因为内容差劲或被讨厌而感到担心。
- 回到家，并没有自己喝酒，而是做了一顿丰盛的晚餐。
- 回到家，并不为自己在当天犯的诸多小错误而感到遗憾。
- 列出了我在这一年想要达成的目标，因为我对未来充满了期待。
- 认识到自己的身体并不是自己的敌人，只是有时候身体会做出过分的反应，而这样是正常的。
- 发信息给朋友邀他们出去玩，并不担心他们会反对，因为不论怎样，他们都会跟我去。
- 打扫自己的房间，因为我想要房间整洁，而不希望家里到处都是衣服和脏盘子。

我现在能够稍稍地控制自己的焦虑症了，但我还是不敢去想格拉斯顿伯里音乐节发生的事。而这些年来我避开了多次演唱会、看电影和跟他人一起玩乐的机会，现在再去参加什么节日聚会，我也能够应付自如了。**我需要做好准备，而**

且要确定身边都是值得信赖的人。如果状况变糟了，我也能够安心离开，而不用担心我会让某人丢面子。我需要喝足够的水，而且也不喜欢一个人待在一群人之中。

我还学到了其他方法来度过聚会的时间，如下所示。

- 我发现，你越是熟悉那一群人，情况就越好。他们唱我熟悉的歌时，我就会跟着大声唱，还可以边唱边跳，跳到背上出汗。如果是不熟悉的乐曲，我就会胡思乱想，就会想有没有可能发生火灾或燃气爆炸之类的事故，使大家陷入慌乱之中。演出之前，我都会先看一看他们最后演唱的曲目。
- 带足够的水。如果他们不让你带水入场，那就先去吧台，买点儿吃的。一定要喝水！
- 带一点儿口香糖。一点儿薄荷口香糖能够让我不那么闲着，如果有眩晕的感觉，嚼口香糖还能让我关心当下的状况。
- 不要跟出现的症状作对。善待你的身体——这不是要你毁掉这次聚会。告诉你自己，你不会有事的。
- 举起双手——你可以假装在跳舞，挥动双手，而事实上，这个动作能让你完全打开自己的身体，让你放松全身的肌肉。
- 确保不要呼吸急促。吸气三秒，停顿三秒，呼气六秒。如果这时间跟音乐的节奏相吻合，那就这样随着音乐节拍而呼吸。我试图在听 Blink 182 乐队（美国著名的朋克乐队）的乐曲时这样做，但却不奏效。

- 如果你出汗了，而手边正好有一点儿水，那就沾一点儿水擦到头上。相信我，这样你就会更有精神。
- 最后，不要认为你是无奈才不得不来聚会。让你的同伴们知道，你喜欢站在出口附近。做你自己想做的事，让自己感到愉快。

噢，等等，不只是焦虑症……

大学期间，我发觉自己患了焦虑症，并且也了解了它对我的生活造成的影响，但我患的可不只有焦虑症。医生确诊我有焦虑症数周后，我回去复查，他又告诉我："我们怀疑你可能还有抑郁症。"

我总觉得抑郁症是很难说明白的，因为我们对它的成因一无所知。抑郁症就是抑郁症，没有哪种病症跟它是完全一样的。我知道的关于抑郁症的知识让我很困惑，而焦虑症也同样让我感到困惑，但抑郁症却让我觉得更严重，更难以明白。我对自己，对我的朋友，对我的工作和生活中的一切都抱着消极的态度。欢乐的时光总是短暂的，而且很快就会被痛苦掩盖。虽然我感觉身上压力重重，一股热浪从头上倾泻而下，但内心里却是空虚的。我只能因自己的心脏跳动而判断出自己确实还活着。

我既有抑郁症，也有焦虑症，有时候抑郁症的症状比焦虑症还要严重。抑郁症发作的时候，我的世界就一片漆黑。这并不是说焦虑症更容易应付，但如果是焦虑症发作，我至少还有保护性的应对机制可以使用，但抑郁症可就更麻烦了。“应对机制有什么用？”在一个漆黑的房间里，我低声自语，“无论如何，我都不应该待在这里。”

大三的时候，我很想从这世间消失，但我实在没有勇气真的这样去做。相反地，我会躺在床上，眼神空洞地盯着天花板，想象着离家出走之后的日子，就这样，我的身体逐渐地消瘦下去。我走得越远,消失得也越快。我很想变成透明人。没有人会为我难过。我可以告诉任何人，我很好。我可以自行决定要不要离开，不再回来。没有人可以命令我。

当焦虑症和抑郁症同时发作时，我就像身处两个不同的极端。焦虑症让我变得激动、疯狂，让我想要大声嚷嚷，大喊出我认识的所有人的名字，而抑郁症却让我沉默寡言，让我待在原地不动。我感觉身体很沉重，动作反应都很迟钝，但因为我想要过上正常的生活而给自己施加了太大的压力，所以也总是忙忙碌碌的。

那天，我想去布里斯托的派克街，然后登上布兰登山，那里的长椅因为电视剧《皮囊》而出名，我想去那里坐一会儿。当时是下午五点，那里没有人在。我想，大部分人都在酒吧里，闲聊着他们这一周的生活以及周末的游玩计划。我在布里斯托求学，因此见到的人也几乎都是学生，但我仍然很孤独，只有男朋友跟我住在一起，我当时很讨厌自己。我为什么这么孤独呢？我为什么没有结交很多朋友？我为什么这么失败？我不断地思考，想要弄明白，本不可能孤独的我，究竟为什么总是感觉孤独？

我并没有同情自己，反而对自己很生气，对自己感到非常羞耻。因为有焦虑症，所以我认为，我的同学和老师都觉得我很愚蠢，他们很讨厌我；而因为患抑郁症，我又觉得他们一点儿也不讨厌我，但我讨厌他们，我讨厌所有过得好的人，所以我应该孤独，我就是个讨厌鬼。

我看着山下的风景，想象着自己掉下去的情景。从山上滚下去，说不定这样一来，我的头脑就会恢复神智。

我试图从大脑里挤出一些额外的能量，能让我离开这长椅，直接回家，而不是去想象自己从山间滚落下去的样子。去写作，去洗澡，去跟他人聊天，去做一点儿有意义的事情。焦虑症让我不得安宁，而抑郁症却又让我保持平静。

我看到一个蹒跚学步的小女孩跑下山去，投入她父亲的怀抱。她身着一件大红色的短夹克，戴着一顶橙色的羊绒帽，无忧无虑地跑下山去，她尖叫着，笑容满面。我站了起来，擦干了因为难过而流下的眼泪。我稳稳地站了起来，深吸了一口气，尖叫了一声，然后一路跑下了山。“跑吧，一直跑。”

我告诉自己。跑到了山下，我回头看看身后，卡博特塔矗立在山上俯瞰着我，小女孩也盯着我，她的父亲带着她离开了。我也大笑着离开了。

这次从山上跑下来之后，我的病情并没有什么好转，我认为，那只是一个小小的转折点，是平淡的生活中的一个小波折，这表达了我想要自由自在的生活的愿望。能有这样短暂的时刻，是我的幸运。我生命里有太多次想要消失，但心里却总有个小小的声音说“不要”。**因为心里有这个声音，我才勇敢地去看医生，去接受诊疗。因为有这个声音，当情况**

太难以忍受时，我就回家。这个声音让我找回了继续生活的勇气。

当你觉得生活无望时，你怎么去找到能够激励你继续生活的动力呢？你可以按如下介绍的方法去做。

- 写下你的思想。不必写成长篇的日记，话语可以不合逻辑，字迹可以潦草。这能让你开放自己的思维，不要拘束，想怎么写就怎么写。
- 写下一份能够让你感动的乐曲单，可以是古典音乐，可以是迷幻音乐或爵士乐等等。我就喜欢著名的乐队“比基尼杀戮”（Bikini Kill）和“电台司令”（Radiohead），还有玛利亚·凯莉。我喜欢那种能够吸引我的歌曲，能够让我分神的，即便只能让我缓解一小会儿的也行。
- 伸展你的身体。我这样做，心情就会很好。不需要像做瑜伽一样弯腰，然后挺直，拍拍臀部，只要以不同的方式动一动你的身体即可。感受自己的身体，感恩它，这样对你有好处。
- 出门，即便是坐在公园的长椅上、草地上也可以。走出门去，呼吸新鲜的空气。
- 运动。伸展了自己的身体热身之后，就做一做运动。跳跃，跳绳，散步，慢跑——做运动的时候还可以大喊几次。

- 最后，要记住，你是由 7×10^{27} 个原子组成的。因为有抑郁症，我觉得自己很渺小、很卑微、很没用。但我不是废物，真的不是。我体内有各种身体器官，有皮肤、体液和血液，充满生命力。

第 2 章

当你害怕时，请记住

我总觉得无法控制自己的思想，它总会让我想到一些不愿想起的东西。它惩罚我，给我挑战，让我如陷入一团乱麻之中。这让我很沮丧，既然我的思想存在于我的头脑之中，那为什么我内心里的东西老是跟我做对呢?

小时候，我就总想着在我的头皮上钻个洞，让头脑中糟糕的东西都跑出去。害怕自己的思想是一个陷阱，这就像是你的头脑中安装了爆炸装置，但这一装置的遥控器却在别人手里。你既不知道那些装置被安在了哪里，也不知道别人什么时候会按下爆炸的按钮。

了解自己的头脑，弄明白让我感到害怕的究竟是什么，这让我有能力控制自己的头脑。了解某些症状的生理学起因和对人造成的影响之后，这些症状虽然还会让我感到恼火和沮丧，但却不会让我感到焦虑、担心。

我想要了解的第一种症状是精神分裂。根据美国精神病学会的定义，精神分裂就是“意识、记忆、身份和环境感知力的综合功能性的中断”。这是一种面对高强度压力时的反应。对我来说，这就像不同的思想在搏斗。我一会儿想这样，一会儿想那样。

精神分裂有两种表现形式，其一是人格分裂，通常，人们都觉得它就是从他人的视角来看自己。当我还是个少女时，第一次去看医生，医生称我为“直升机玛吉”。我就像在直升机里，带着批判的态度看着我自己的行为。学生时代交的男朋友曾经参加过乐队，虽然我不认识乐队里的其他人，也很讨厌吵闹的酒吧，但每次音乐会我都会去。我通常都会站在一旁，那种“直升机”心态就上来了：“看看那个蠢女孩，她没有朋友，她如此愚蠢，无法跟任何人说话。”然后我就会批评自己的一切：我的头发，站立的姿势，我的双臂放在身体两侧的姿势，等等。这意味着我不能放松，甚至不能欣赏乐曲。我就是自己的狗仔队队员，我经常审视自己，带着播音器不断地批评自己。

另一种表现形式就是现实感丧失（就是对世界的感知和体验发生改变，以至于认为世界并不真实），就是好像自己跟现实脱节。通常，在青春电影、电视剧中，我们最喜欢看到主角亲吻自己的心上人，这时候时光仿佛都静止了。令人吃惊的是，主角竟然要看着令人惊恐的故事剧情逐渐铺开。对我来说，丧失现实感就是那样，只不过，现实生活中没有背景音乐在后台播放。症状出现的时候，我感觉昏昏沉沉的，一切都很缥缈。人的声音听起来像从很远的地方飘过来的，人的嘴只是跟着这飘来的声音一张一合。

人们患上精神分裂的原因有很多种，可能是遭受了情感创伤，也可能是无法合理地处理自己的情绪。通常，精神分裂都是你的大脑保护身体免遭威胁的手段。我认为，最可靠的地方就是我的头脑，因为在这里，我想怎样就可以怎样。我独处的时候总是会自说自话，自己想象各种情景对话。即便是现在，如果我想要摆脱某些问题困扰，就会躺下来，闭上双眼，想象自己在某个安静的地方，仔细思考头脑中冒出来的各种想法。

感觉不安全的时候，自然就想去自己最熟悉的地方，但这样其实很难受，尤其是当我无法控制自己的思想时。我经常说，这就像一头扎进了玻璃鱼缸里。我能够看到鱼缸外的事物，但事物都变了形状，而且外面的声音听起来也闷闷的。我很想要打破鱼缸,直面现实,但却做不到。我越是想着打破，鱼缸的玻璃看起来就越厚实。

精神分裂让我很难按我想要的方式行事，尤其是在社交的时候。例如，跟男朋友的朋友们第一次聚会，我想要表现得彬彬有礼，想要表现出自己的魅力，想要表现得对他人说的任何话都很感兴趣的样子，但是突然我就什么话也说不完整了。从我嘴里说出来的话总是含糊不清，让人听起来很讨厌。我为什么就不能表现得正常一点儿呢?

这些自我毁灭式的行为，一部分要归结为我想离开上文所述的“玻璃鱼缸”。我经常希望，通过给自己生理上或精神上造成痛苦，就像有人把一桶冰水泼在我身上，让我清醒过来，不再做噩梦。我也试图通过酗酒来摆脱这种感觉。喝了几大杯白葡萄酒之后的那种晕晕乎乎的感觉，就像是一种奇异的梦境。这两种感觉非常相像。这就像是我一边往下坐，一边把椅子提起来。我要待在这里，这里让我感觉还不错。

跟精神分裂不一样，侵入性思维更像是经常在我头脑中轰鸣的提示音，每个人都会有这种思维，如果你没有经历过，那可能会被视为异类。这种思维会一直盘踞在你的头脑中，有些想法听上去还很令人惊悚。在《变态心理学：整合之道》（*Abnormal Psychology: An Integrative Approach*）这本书中，作者提出，某些常见的侵入性思维会给自己（如破窗跳下楼）或他人（如失手摔了朋友的孩子）带来伤害，造成感染（因为上厕所的时候坐的马桶垫脏了而患上了某种疾病），或者做出一些不合适的言行（开会的时候突然站起来朝上司发火），或者造成安全事故（离开家之后突然想起没关厨房里的烤箱）。

对某些人而言，侵入性思维一天里经常会出现，出现频率太高，以至于他们甚至培养出了自己的应对策略。要摆脱痛苦的思想，可不是“不要去想它”这么简单——要真有这么简单就好了！为了证明其复杂性，一位名为丹尼尔·魏格纳的社会心理学家做了如下的实验。他要求参与者们在实验的五分钟内说自己的想法。只有一条禁令：他们必须尽可能不去想毛茸茸的白熊。一旦想到了，他们就要摇铃。虽然有明确的禁令，但参与实验的人显然都在想着白熊，而且平均一分钟一次。

同样地，我也发现，越是提醒自己不要去想某件事，就越会想起那件事来。抑制侵入性思维的办法似乎愈发让这些思想在头脑中根深蒂固。某天天气不好，我乘坐公交车出门，焦虑症突然发作，我坐在公交车后部的座位上，正想要冷静一会儿，但我头脑中突然冒出了一些疯狂的想法。然后我就开始紧张焦虑起来。我紧张不仅是因为车上有人，还因为我感觉自己已经快疯了。顺着这一想法，我自然能想到自己会被捕，被提审，会失去工作，我的父母会失望至极，而我的男朋友则不得不跟朋友们说，女朋友之所以入狱是因为觉得在公交车上发疯很有趣。那我可就顷刻间一无所有了。我不该这么做。不过，也许我应该这么做？不，不要这样做。但即便做了，又怎样？

感觉疲惫了吗？

我们一天的心理活动非常丰富，因此我们必须动用自己的思想来操控这些心理活动。然而，有时候，我们的思想甚至会让我们做出不受欢迎乃至有害而无益的行为来。

抑郁症发作的时候，我身边的所有事物都会变成我伤害自己的工具。凭着一时冲动，我会靠近站台，用头去撞镜子，喝掉一整瓶漂白剂。这种一时的冲动让我很累，耗费了我许多大好的时光。

有侵入性思维的人，尤其是有强迫症的人，总会重复使用某些强迫式的方法，试图赶走那些不理性的思想。每个人的应对和处理方式都不一样，但通常都能分成如下几类。

- 检查（反复检查各种器械装置、血压和门锁密码等）
- 动作重复（总是读同一个句子，写同样的词句，不断敲打某物）
- 数数（数步数、砖头或大声念数字）
- 清洗（习惯性地洗澡、做清扫）
- 整理（整理书、衣物、餐具等）
- 做单调的动作（咬手指、眨眼、耸肩）

我在不同的人生阶段有不同的处理侵入性思维的方法。大学的时候，我的生活是完全依赖自己的男朋友的。当我感觉他要离开我时，将要失去他的想法让我痛苦不堪，我怎么也无法控制自己不去想。我有了一种奇怪的想法，我必须出去，确保他的安全。我还想，如果他亲吻我的嘴唇，我就会回吻他三次。还有更多跟我们的公寓有关的，比如枕头该怎么摆放，我们的书和 DVD 碟片怎么分配。

当时，我已经被确诊患有强迫症，我产生了一种奇怪的错觉，如果没有我的男朋友，我就无法活下去。他是我生命的依靠。这可不是什么浪漫主义的想法，这种想法比我，比我们都重要。在我看来，没有他，我甚至无法呼吸。由此带给 P 的压力显然是非常不公平的。每次他认识了新朋友，我都觉得他不再重视我了，这使情况变得更加糟糕了。这也显示出我对自己不自信，我觉得自己是有缺陷的。我只是 P 的女朋友，但却并不是什么重要的角色。

我的很多侵入性思维是可见的形象：它们在我脑海里形成了单个的画面，反复不断地浮现。通常，这些想法都跟我的身体有关，或者是跟我在网上看到的恐怖画面有关。我是那种看到“如果你不开心，只要看看这一段视频即可”的标题就会点进去的人，而且为了证明那些标题是错误的，我只会选择性地看看重要的内容。有些是我能接受的，其他的则让我感觉很难受。**如果别人说出了什么过分的话，我就会想想自己是不是有类似的想法，并且仔细思考该怎么消除这样的想法。**

有时候，某些具有侵入性的想法让我觉得可笑，我甚至想摇摇头，提醒自己：“哦，天啊，现在不要这样想。”但有时候，这种侵入性思维一直占据在我头脑中，让我总是担心会失去理智。我认识一位辅导员，她是一位胆小却好心的爱尔兰女士，在我就读的大学任职。她教给了我一个方便的办法，就是加入企鹅俱乐部。

可能有的读者不熟悉，企鹅俱乐部就是一款多人网络游戏（这款游戏今年已经下线了）。这款游戏我弟弟从小玩到大，我以前经常看他玩得不亦乐乎。我觉得，这个游戏最棒的地方就在于，你可以在一个小空间里给你的企鹅穿好服装。你可以给它们穿匡威的运动套装，可以给它们戴墨镜，穿恐龙服，戴卡车帽和金色的假发等等。

上大学的时候，我根本没想过玩企鹅俱乐部。那时候，我的焦虑症已经很严重了，发作的时候经常会做出各种癫狂的举动，侵入性思维更是随时都会出现。为了避免在公众场合出丑，我完全把自己孤立了起来。

有时候，我会突然觉得身上奇痒无比，而且怎么挠都痒，我心中又焦又躁。洗澡、做饭、读书、出门乘坐公交车时都有这种感觉。我不敢去看身体究竟有什么异样，只觉得很痒。我不停地挠，只希望能止痒，但却不奏效。我告诉自己“不要再去想了”，但却愈发觉得痒。

我头脑中一直存在这种恐惧感，所以我决定不自找麻烦，不出门。我一直担心，外出听讲座或在走廊里跟人聊天时，我可能会产生什么奇怪的感觉。也许我会突然觉得恶心，吐在别人身上，我可不想这样。我必须将自己保护起来，不受外部世界干扰，也不让自己干扰外部世界。只不过有一个问题：我在某医院有咨询预约，那家医院距我的住处有 10 分钟车程。我知道我必须去。我的头脑有点儿问题，我需要帮助。自我隔离并不是一劳永逸的办法。

我每次坐那趟公交就像上战场一样。我还带上了我的“武器”：水、口香糖、一本书、一盘法语录音带和一些咸饼干。夏天天气很热，但我坐在靠窗的座位上，窗外的凉风也缓解不了我的紧张感。我一会儿看看书，一会儿看看录音带，深深地呼吸，同时努力压抑着自己头脑中的幻象，但却压抑不住，它一直困扰着我。

奇迹般地，我居然顺利赶到了医院，因为天气热，坐在那厚厚的人造皮革椅上，让我真的很难受。我的医生问我："这一周你过得怎么样？"我心中的羞耻感已经涌到了喉头，但却又被我强咽了下去。我不想让她批评我，让她觉得我丧失了理智，但我想要跟别人聊一聊我的想法，我真的需要帮助。

我告诉了她我皮肤上的难受。我们先聊了聊侵入性思维，然后才能开始讨论我的病情，不用左思右想。她要求我准确地描述我脑海中浮现出的幻象，但我描述的时候，突然感觉不舒服起来。我双手握拳，不断地摩擦着手臂。她要我停止这种突然性的行为，并问道："你听说过企鹅俱乐部吗？"我马上就摆脱了那种不舒服的感觉，因为这个问题让我想起了还住在荷兰家里的弟弟，我很想念他。

"是的，不过我没有玩过，我弟弟倒是很喜欢玩，我曾经常看到他玩。"

"好的好的。你记得那个给你的企鹅打扮的小空间吗？"

我很明白她这个问题是什么意思。企鹅俱乐部这个游戏最棒的地方就在于，它的界面很活跃轻快，很容易吸引人。我想象着游戏的那个部分，想象着小空间里的小衣橱。

我的医生叫我想象自己就在那个小空间里，我想象着那场景，突然，房间里冒出了很多臭虫，我起了一身的鸡皮疙瘩。

她让我先关注自己的手臂，然后想象着自己是企鹅俱乐部里的角色，并关注角色的手臂。给手臂戴在一顶有趣的帽子，她说。再配上一把胡须、一个臂章，穿一件结婚礼服。我一边配合着她的指令，一边想："这是要做什么？"我的手臂好像都不是自己的了，完全成了游戏里的角色。它不再是令我恐慌的身体的一部分，而是一个有趣的游戏角色。我甚至给想象中的臭虫也戴上了帽子，这样，我就不觉得那么害怕了。

我认为，这个技巧并不是最有效的治疗办法。我不能给焦虑症发作时想到的所有形象都戴上粉色的牛仔帽，不能认为那些形象都是美好的，然后就觉得人生一片光明了，尤其是对那些侵入性思维，那样想象，那些幻象就不那么令人恐惧了。我大部分时间都在网上，混迹于各种论坛和网站，几乎每一天，我都会惊呼："啊——不！"有时候，这些幻象影响不了我，有时候却总是在我心头，令我困扰一整天，但我知道，这至少无法毁掉我的生活。

我偏执地认为上司强加工作给我的时候，就会使用"企鹅俱乐部"的方法。大多数时候，我都觉得我的偏执是有理由的：她故意在我忙碌的时候召集员工开会，在大家商讨问题时避免跟我有眼神接触，跟我们办公桌上除了我以外的所有人打招呼。我还担心她会解雇我，甚至担心她会在我工作时拿一把锤子敲我的头（是的，真感激我的头脑会把糟糕的境况想象得更糟）。这时候，我会马上起身去泡杯咖啡，但我还感觉她已经朝我走来了。

我很快就想象到，她手拿锤子，朝我靠近，准备敲我的头，这让我的心率加快了不少。我试着让自己和这个场景拉开距离，让自己的灵魂升到半空，俯瞰我自己想象的画面，将上司的身体视为一大团白色的棉花糖。最终，她没有向我冲过来，而像一个在办公室里不断滚动的大泡芙。这让我觉得很开心，让我能保持愉悦的心情冲咖啡（即便是经过她身边，我也能心平气和地跟她打招呼）。

侵入性思维最难控制的地方在于，我越是想抑制它们，就越是无法抹去它们的痕迹，就像叫停一列火车，你越是叫停，它越是朝你的方向开过来。我没有叫“停”或者“走开”的习惯，但我会用别的方式控制这种思想，如果你像我一样爱看励志类的图书，那你就会说“一切都会过去的”。这话听起来有点儿陈词滥调，但如果你深究其含义，就会发现，在你需要安慰的时候，这话还是很管用的。无论你遭遇了什么样的困窘逆境，它都会在某个时间结束——没有什么事物是永恒存在的（可能除了我前臂上的蓝色蝴蝶文身之外）。人生途中处处有逆境，但只有到了那个时间点，逆境才会出现，你才能够去解决，一旦你解决了，那它也就成了过去。一旦有了消极的想法，我就会告诉自己，这些都会过去的，我不会永远都那样的。

即便是看似永远在天空中闪烁的群星，也会在燃尽了能量之后，变成白矮星，不再绽放光彩。这听起来令人不快，但却提醒了我们，永恒只不过是我们的幻想而已。恐慌症发作时，我觉得自己就像处在水深火热之中。一股热浪将我重重包围，我感到头晕目眩，但是，每当我觉得自己会深陷其中无法自拔时，这种灼热感就会消退。我的视线就会恢复正常，闷热感也会消退不少，我又能自如地呼吸了。**坚信这种难受不会持续太久，这一点很重要。任何窘境都会过去，我也将逢凶化吉。**

对抗惊恐和侵入性思维的另一种方法，就是与之对话——不是大声喝令其止步，而是淡然地与之沟通。我用于沟通的工具并不是我自己的声音，而是我爱戴、尊重、敬仰的人的声音，是能够让我平静下来的声音。这个声音就是奥普拉·温弗瑞的声音。

奥普拉就是一个传说，是一位偶像。我觉得，她可以说是这世间最有影响力、最有权势的女性。我之所以认为她是“理性之声”，是因为她有同情心。确实，从她在舞台上跟来宾和观众的互动中，我们就能够感受得到。对我来说，她就像一位尽职尽责的老祖母，既能给孩子们做美味的鸡汤，也能给予孩子们改善生活的建议。在我的印象中，她的形象之所以这么高大，还是因为她善解人意。即便我的思绪飘到万里之外，奥普拉的声音也能够让我回过神来。

如果我假想自己是她的脱口秀节目嘉宾，那效果会更好。在英国伦敦繁忙的地铁上，每当我感觉我的恐慌症要发作时，我就会假想自己正跟奥普拉谈论我的症状。如果我以过来人的身份谈论就会很棒，因此，我不会说：“噢天啊，奥普拉，这地铁上人真多啊，救命！”而会说：“是的，我以前乘坐地铁的时候恐慌症经常会发作，但现在没问题了，我可以很好地控制自己。”我想象自己正在参加奥普拉的脱口秀节目，这样我才能让自己冷静一些。我以前恐慌症经常发作，但现在不会了。

如果我想要制止自认为是恐慌症发作的情况，我就会继续想象在参加她的脱口秀节目，并说一些更加寻常的话题，可能是关于我的前男友们的糗事，也可能是关于我新导的影片（这里有必要声明一下，我不仅有恐慌症的症状，而且在我的想象里，我已经赢得了至少五次奥斯卡奖了）。即便只是想象之中才能见到的人物，你们也能够看出，奥普拉对我有多么重要，她能够给我带来慰藉，而且还能够在我外出的时候，帮我避开恐慌症的困扰。

无论是想象跟奥普拉对话，还是想象自己是企鹅俱乐部的游戏角色，都是我用以对抗侵入性思维的办法。我就像《超能战士》中的佐藤一样，他拉响警报的时候，手下的人就必须马上给予回应。**但有时候，只是头脑中想一想“理性之声”是不够的，我还需要真正听到他人的声音。虽然我一贯都能够独立自主地应对自己的病，但当我的病情难以控制时，我还是需要他人来帮我摆脱困境。有时候，他人的话能够直接点醒我；有的时候，他们的话能带给我灵感，让我自行想办法摆脱困境。**

这个外界的声音通常是我的医生或者朋友，是我信赖的人。我经常会产生侵入性思维，而且它们总是反复出现，因此，有人告诉我“不用担心，你皮肤上没有小虫在蠕动”是不够的，这一句轻飘飘的话无法让我止痒。三分钟后，我可能就会再次感受到这种痒痒的感觉，甚至一整天都无法摆脱这种感觉。重要的是，我并不会因为有这种痒痒的感觉而觉得羞耻，我的朋友也不会因为我这样而不耐烦。

我的侵入性思维循环出现，不是一次快速的治疗就能够完全摆脱的。治疗还需要时间，而且这种病症一旦出现，就会反反复复，让人总也摆脱不了。我本应该找一个朋友帮忙解决一些既简单又现实的问题，例如：下个月我的房租要涨了，我不知道该怎么办。朋友们可能能够想出一个让我愿意接受的办法，但过了一会儿，我还是会纠结那个老问题。所有不同的解决问题的办法、采取办法后可能出现的场景和后果，就像蜜蜂一样，在我脑海中嗡嗡乱舞。我明白，当我再次回到交谈刚开始的状态时，跟我交谈的人会有多尴尬，但重点是，我就是不断地重复这些问题。我需要多听几次他们的意见。这就像我在海里溺水了，而他们给我抛了一条救生带，但他们需要抛好几次，我才能够得到。

我的所有技巧总结起来就是正念（Mindfulness），正念一词是佛教用语。开创正念冥想减压疗法的乔恩·卡巴金教授称，冥想就是通过有意识地去思考自己经历的事情，对当下的状况做一个中肯的评价。在我看来，这就需要我审视自己脑海中的侵入性思维，承认这些思维的存在，不要因它们而

觉得厌烦、恐慌或恼怒。想象你躺在田野中，看着天空，看着空中的云，而不对它们做任何评价。云朵就只是云朵，不好也不坏。你只是看着它们，不做任何情绪反应。你放空了思绪，看着云朵，而没有马上动用自己的思想。

曾经，我在一次公司会议上突然产生了大量的侵入性思维。这次会议有一场很棒的演讲，但我并没有参与。公司的三位老板正在大谈特谈新建的销售团队创造了多少收益，而我却在自生闷气，因为房间中间有一块免费的比萨饼，而我正好就坐在那块饼旁边。人们都开始进入房间了，他们也都朝那块比萨饼的方向而来。很快，我就感觉自己身边围满了人。我正准备换一个座位，老板们这时也赶到了，演讲者也开始了发言。我不断提醒自己不要动，这样才不会引起他人的注意。

但会议继续，我却越来越心神不宁了。我想，如果我要上厕所呢，如果我要呕吐呢？我该怎么站起来，我该怎么渡过这一关？我越是思考该怎样偷偷溜出会议室，我就越想要溜出去。我的这种想法越来越强烈，似乎没有什么能够打消这种想法，我甚至都没想起奥普拉来。我深深地呼吸了一次，仔细厘清混乱的思绪，而没有压抑它们。

老实说，这些混乱的思绪就像一群坐在超市手推车里的孩子，大声嚷嚷道：“妈妈，我要冰激凌！”我尽量冷静地厘清思绪，不因这些思绪混乱而恼怒生气。相反地，我还关注着自己生理上的反应，关注着自己的胃，因为这时我以为自己会呕吐，却没有要呕吐的感觉，只是有一点儿恶心。我深深吸气，让气体进入身体各部分，我呼气的时候，恶心的感觉就减弱了一些。这样做对我很好。虽然觉得紧张，我还是保持着正常的呼吸频率，整理着当前混乱的想法，很冷静地思考这些想法本来的含义，就像一位在显微镜下看标本的医学家一样。

我们的首席执行官停止说话的时候，我才发现会议已经结束了。人们开始涌出会议室。当时正是下午五点，类似学校快要放暑假的时候一样，乱成一团。人们都冲到我这边，从冰箱里取出免费的啤酒喝。我感觉自己在的地方不像会议室，像自助超市。不知道为什么，我竟然为自己感到自豪，因为我一直坐在会场，居然没有做出什么奇怪的举动。是的，当时我的感觉很糟糕，我认为我那时很想大喊大叫，但我还是冷静了下来。我感觉我自己就像刚刚下了飞机，安全着陆了。我很高兴，我甚至还记得，是我努力控制住了自己。

在这样的状况下，你需要给自己一点点鼓励，但如果你自己都不相信自己的鼓励之语，你就很难为自己加油。如果你跟我一样，你可能不喜欢陈词滥调，尤其是像 Ins（即 Ins tagram ）上那种带着粉红色背景的所谓的至理名言。然而，有时候，我确实需要帮助，而这种帮助有时候确实就像一句咒语。因此，当我需要冷静的时候，有如下的方法能够帮到我，我真的希望读者们不会觉得它们很讨厌。

- 战斗口号：好的，焦虑症，我知道了，你放马过来吧！
- 很棒的建议：要记住你以前也经历过，这一次也会过去的！
- 消遣："看看这个东西……这还不够干净吗？"或者想一想你能记得起来的动画片歌曲，如果你进入状态了，大声唱出来会更好！
- 奖励：结束了以后我们可以吃比萨饼。
- 霍格沃茨圣歌：赫奇帕奇学院的确是公正的，而且里面的人也是不畏辛苦的。
- 橄榄球教练的话：不要尝试超越，只要努力就好。
- 更胜一筹：双眼明亮，心灵充实，不能失败——经典体育连续剧《胜利之光》里的台词。(如果你没看过这部剧，那么你看了之后，这部剧会赋予你全新的财富！)

- 音乐剧《Q大道》的歌："此生短暂"。
- 冥想箴言：你无法阻止奔涌的浪花，但你可以学着冲浪(但我可能学不了，因为我平衡感不好，我还要学着如何控制冲浪板)。
- 高声地欢呼：感觉害怕，但还是欢呼了。我是从苏珊·詹弗教授的书里偷学的这招，她的那本书都是教我们如何变得更自信、更坚强的。
- 幸福的回忆：记得你8岁的时候，曾经参加过一次才艺表演比赛，你独自一人上台，你很害怕，怕得差点儿尿裤子了，但你还是坚持完成了表演，而且赢得了比赛！
- 摇滚民谣："起初我很害怕，我石化了"，然后我又马上想到，"我会好的"。
- 这一条建议出于《乱世佳人》：毕竟，明天又是新的一天。
- 最后这一条是针对我的焦虑症的，不是针对我自己的："闭嘴，懒家伙！" 谢谢《南方公园》！

怎样找到犯病的原因

我对任何事情都极度敏感。我总是想象自己头脑中空洞无物，对任何刺激都非常敏感。我并不认为这样很糟。我有很多感受和思想，有些是没什么用的，有些则很有意思。看电影变成了发自内心的体验，我全心关注主角的遭遇，甚至完全失去了自我。它也让我成为一个优秀的倾听者。别人给我讲故事时，我总会完全沉浸在故事情节里，仔细听他们说的每一个字词。我觉得我的领悟力是很好的。我只要观察人们的言谈举止，就能够在第一时间发现办公室八卦：他们走出会议室时的那种紧张感（是的，他们准备放弃职位竞争了），两位同事在经过彼此的办公桌时经常会轻轻推一下对方的肩膀（真奇怪，这两位什么时候关系这么好了呀）。

从消极意义上而言，敏感就意味着有很多事能让我感觉变糟：一首特定的歌，一个词语，一次耸肩，一种食物。一个小小的意外就能让我原本不错的心情变糟，我会想："哦，该死的，我今天为什么要起床呀？"仔细思考让我发病的诱因，却发现诱因太多了。我曾经想过进入一个泡泡里，就像泡沫男孩一样，但我并不是要隔离病菌，而是要隔离疾病的诱因。

曾经有人告诉过我一个关于伦敦动物园里的一只骆驼的故事（注意，这很重要）。每天，这只骆驼都要被牵着在动物园里遛一圈，这样，游客们才有近距离观看它的机会。出去散步前，动物园管理员会仔细查看路线，确保今天的路线跟昨天走过的路线差不多。如果有装垃圾过满的垃圾箱，那么这垃圾也是要被清理掉的。如果来参观的游客有人打了色彩太过绚丽的阳伞，那么伞也要被收起来。基本上，如果骆驼看到了太不同寻常的东西，它就会变得非常兴奋、激动。一切都要保持原样。

我将自己当作这只骆驼，虽然每天重复同样的路线，生活会显得太过简单，会很令人厌烦，但这样的话，我就不用遭遇各种诱因了。我不会伤害自己，也不会经历恼怒或困惑的情绪。**事实上，生活可真的不是这么简单，而且这是有原因的。你的生活事实上就像一团乱麻，很难厘清，你会遭遇到各种挑战和变故。你避免诱因的最佳办法就是弄明白这些诱因的本质究竟是什么，什么让你感到难受，什么让你情绪崩溃。**

我必须先把所有的事情都理清楚，这样才能够记得牢。读书的时候，我就是个视觉型学生。要想记住学习的内容，我就要把数学方程式和历史事实都制成笔记挂在墙上。如果这个方法适用于你，你可能会发现，让自己记住一些视觉型的内容是很有用的。愿日记长存！

“日记”是一个时髦的流行词语，但是记日记这种习惯，人类从公元前 2 世纪就开始培养了。在搜索引擎中输入“子弹日记”（这种日记更加倾向于对生活中的目标、计划和事项的管理，而不仅仅只用于记录心情和感触，“子弹”就是用简洁的短句和符号描述的条目），你就能知道，有多少人因之而受益。简而言之，这就是一个便利的组织系统，里面包含各种暗号标志，你可以选择使用哪种暗号标志，决定该怎么使用。这也就是将你要做的事情清单、笔记和日记合而为一，从本质而言就是帮你统筹管理时间的。这个日记可以帮你记录自己的思想感情变化，参与的活动和大大小小的事务、任务及其期限等内容，而这些也能够让你了解自己的心理和生理健康状况。

我不太喜欢记日记，因为这总是让我想起忧郁的年少时光，那时的我总是草草写下一些情诗，借以向坐在我身后的某位男生表白。然而，我现在已经将记日记看作非常成熟、明智且对人有用的行为。

关于日记，我最喜欢的一点就是，它就像专属我自己的社交平台（应该是反社交平台）。有它，我既能预想未来，也能审视过去。我会在日记里写下自己的每周计划，也会收集一些剧院的票或者我喜欢的箴言和歌词。我的日记本就是一个剪贴簿，记录着所有让我感觉良好的内容，也记录着让我留住良好感受的计划。

有很多方法可用来记录子弹日记的不同内容，不要想着将日记记得太“漂亮”。人们在 Ins 注册账号，每天都登录账号进行涂鸦：很多小的复选框和横幅。事实上，没有人会关心你记录了什么（除非你想让他们看），因此谁会关心它好不好看呢？只要你自己觉得有意义，就好了。

从某种程度上而言，日记也适当帮我放缓了生活节奏。我感觉身处旋涡中心，生活仿若风起云涌的海洋，只有退后一步，才能海阔天空。记录下我遭遇到的问题，以及我需要处理的问题，还有需要我留意的各方面内容，将局势控制在可控范围之内。

我也发现，记录情绪也很有用，因为这样我就能厘清，我为什么会有某些情绪。我会记录一天里，我“疲惫”“悲伤”“生气”的概率。不出所料，女性的经前综合征（PMS）会让上述情绪产生的频率居高不下，但除此之外，我发现，虽然我酗酒没有以前那么严重了，但还没有完全戒掉。我每周还要喝三次酒，每次还要喝一瓶多，这样醒来之后，我还是昏昏沉沉的。我曾经睡眠不足，每次跟男朋友见面，我都觉得紧张、疲惫。我必须对自己的生活进行调整，但我当时并不明白该怎么改。

如果你想要追踪推理，那么你可能会想用剪贴簿和日记来记录，这样你应该就需要日记本。有的人喜欢色彩艳丽的，有的人喜欢用包装纸或匣子包装。让这个空间完全属于你自己。我的日记本花里胡哨的，看起来很怪异，就像我在2005年使用的空间界面一样，是我喜欢的风格。

记录让你感觉良好的内容

在日记里，我没有记录那些让我痛苦难过的故事，而是记录下了那些让我心情变好的小事情。如果我在工作，那就去面对，我们的大部分时间都是用于工作的，我知道怀疑自我的感觉，工作不顺心的时候，我们都会怀疑自己能不能做好，我决定，不想那么多，还是离开办公桌，出去吃午饭吧。也许我要去树下读书，也许要出门散步。如果有足够的时间，我还会列出想听的摇滚民谣。

要想发现能让你感觉良好的“催化剂”，你最好还是记录一下，这就像收集工具，一旦体会到了一种能够刺激情绪的体验，就将它记录下来。如果事情往糟糕的方向发展了，你可以用这种刺激情绪的体验来帮你。

有的时候，你的工具包很管用，但并不总是那么管用的。不幸的是，如果我是因为要交税而情绪不佳，那我就不必要让自己感觉很好，因为我已经读过多次账单了。有些事就是这么普通的情绪破坏剂。虽然如此，但当我感到迷失或飘飘然的时候，我还是可以有很多选择。我已经列出了如下的清单，希望它能够带给你灵感，让你也制作出自己的清单。

- 找一个以前我在音乐播放器里没听过的乐队。
- 如果他们很快就要在城里演出，就赶快去听。
- 给朋友看一张我拍的照片，然后很快，他们就会像我一样，把他们自己当作最明媚的阳光。
- 如果他们用那张照片做自己的新的资料照片，那更棒。
- 周末早一点儿醒，躺在床上，好好享受我本来用于睡觉的时光。
- 将大量没有穿过的衣服送到慈善商店，就感觉脱掉了很多层伪装。
- 救活卧室里一株快要死去的植物，给予它新生。
- 读科技期刊里一篇冗长的文章，但要真正弄懂这篇文章的含义。
- 跑去赶公交车，一定要赶上，不要跑得上气不接下气，因为我抽烟并不那么频繁。
- 公交车司机微笑着，表示“祝贺你”或者“不要着急，我总会等您的”时，就庆幸吧。
- 冬季寒风凛冽的时候出去散步，感受冷空气在我体内进出，就像在清理我的肺部一样。
- 瑜伽课上，肩倒立这个动作比上次好3%，那么瑜伽课后我就走路回家。
- 上瑜伽课的时候，不经意地回头看一下别的同学的眼睛，然后你们同时大笑了出来。

- 听一首好听的歌，这样，在回家之前，我就能因为还想听一遍多在外面散散步。
- 回家发现床已经铺好了，整个房间看起来令人感到非常舒适惬意。
- 在办公楼找一个人比较少的安静的角落。
- 让人大笑，笑到眼角流下了眼泪。
- 大笑着拍大腿。
- 跟某人一起探讨问题，感觉到一股愉悦感从心中涌出来。
- 早上醒来，闻着你身边躺着的爱人的气味，却嫉妒他还在睡。
- 早晨独自醒来，放飞心情。
- 看着跟家人一起拍的老照片，嘲笑自己以前的发型。
- 随便看看花、洗洗澡，穿柔滑的衬裤。
- 打开一个全新的笔记本，感觉一切皆有可能。
- 参与一次重大的社会事件，偶遇一个熟人。
- 长时间远足疲惫时，去酒吧休闲放松。
- 满头大汗地回家，一边听摇滚一边睡觉。
- 换好新床单再睡。
- 有的洗涤剂能让整个房间充满淡淡的青草香。
- 做一道有益健康的美味沙拉。
- 吃过沙拉之后，再吃一道甜点。
- 花一段时间跟我很想见的人待在一起，然后他们建议再多待一会儿。

- 在礼品店随意选一件礼物送给某人。
- 上班之前，留足够的时间给自己，喝一杯咖啡。
- 第一个赶去上班，那么在风暴来临之前，我就能好好享受一会儿平静的时光。
- 做一些不算运动的活动，直到肌肉酸痛（如帮人搬家，或者骑自行车外出，或者跳进池塘里）。

第3章

当你减肥时，请记住

我与我身体之间有一场持久的战争，我总觉得自己太胖了，身材不够有形，身上还有斑点。我对我身体的不满开始于迟来的生理期，它就像一个不受欢迎的客人一样最后才降临到我身上。直到 17 岁，我的月经才来。在我看来青春期带来的变化，不仅是让我的子宫流血，它还让我的胸部一夜之间“大爆发”。我扁平的臀部变成了两个柔软的坐垫。身体各处都是毛发，腋下的皮肤透出一股酸味。好像另一个陌生的灵魂主宰了我的身体，我已经不再是原来的我了。我脑海里总有个声音在提醒我，这个身体不再是你的了，这是别人的。

我要掐自己的肉，不断地揉捏自己。我坐在浴缸里，靠在一边，抓着身上的赘肉。我为什么减不掉那些肉？那些肉是怎么来的？我做过什么呢？

我发现，发育后要藏住身材更难了。男人的眼神儿也变得更尖锐，看的时间更长。我双手交叉在胸前，以遮盖住自己的胸部。走路的时候，我尽量收紧臀部，这样，就不会引人注目了。

我尝试过各种不同风格的衣服搭配，希望能藏住我的胸部。我不是那种前凸后翘的身材，而且也不适合我。我试着穿朋克风格的服装，我梳过彩虹长发绺，耳朵上戴过耳坠。虽然从未冲过浪，但是我曾经也按照冲浪女孩的样子打扮过一年的时间。大学时代，我大部分情况下都是穿我男朋友的衣服。我知道，他的 T 恤都是很宽松的。有时候，我长裙下面还会套一条他穿的平腿短裤。我知道穿这样的短裤不性感，但却很安全，既有女人味，也带一点点男人气概。

当这些不自愿的改变让我感觉失控时，我就会通过食物来寻求安慰。食物是我的朋友，我的敌人，我的避难所。我开始狂吃多力多滋（百事集团的一款烘焙食物）、蛋糕和面包，还一边跟自己的身体说："浑蛋，我控制着你，我想吃就吃。"但是吃过之后，我并不觉得舒服，反而感觉恶心，感觉可怕。因为大吃大喝一顿之后，我就开始排泄，我会买泻药。吃完一整块蛋糕后，我会喝很多水，这样，我的肚子就会很不舒服。

有时候我会待在家里不去学校，这样我就不会大吃大喝了。可是不去学校，我就不能进行锻炼了，我上学骑自行车要花半个小时的时间，所以如果不去学校的话，我就会爬楼梯。锻炼之后，我会觉得很饿，就像内脏在相互吞噬一样，肚子很空，然后我就会跑去厨房里找吃的。

我必须有所节制，不能随性大吃，所以我吃任何东西都会计算其热量。我会列出食物清单，制订锻炼计划和减肥计划。

我会按如下的方式给自己制定食谱。

星期二：只吃葡萄

星期三：只吃绿色食品

我不仅把食谱简化了，还赋予了它新的“使命”：强迫自己缩减食量，当作给自己的惩罚。

直到我 20 出头的时候，我才开始对食物有了不同的看法。这得益于治疗，它帮助我接受了一些我无法控制的事情。然而，最初我的策略是：完全不计算食物的热量。

我对自己吃的东西有种无所谓的看法：“哦，不管怎样，我只喝两品脱[①]牛奶，吃一片面包，还有这一个纸托蛋糕——这些算多还是算少啊，一点儿也不重要。”我不敢去想我吃得多还是少，如果想了，我害怕自己又会走上老路。食物的诱惑很强大，我根本管不住自己的嘴。我是饥饿的木偶，食物是控制木偶的提线。我想控制自己的嘴，但问题是，食物到处都有，诱饵到处都是。

在剧院工作之后，我得到了在伦敦的第一份学生工作，跟网站相关。一次，身边的女同事们策划要搞一次健康饮食比赛，她们还邀请我参加。在我看来，这比赛最不好的地方在于，她们规定，到圣诞节前，谁减肥最多就赢了，胜者将

① 1 英制品脱约 568.2 毫升。

获得她们之前筹集的钱和一条瑜伽裤。

参加比赛之后，我就不能再尽情地吃花生酱蘸糖了（据传，经济紧张的时候，人们最喜欢吃的就是这个）。我能够感觉到，我体内已经形成了一个愤怒的小旋涡。中午吃饭的时候，我离开了餐桌，出门就绕着办公楼兜圈子，我感觉不愉快的时候总会这样做。一个朋友跑过来，我告诉她我最近参加了健康饮食的比赛，激动的时候，我居然大叫："她们是坏女人！她们对彼此很不友善，她们就是坏女人。我非常讨厌她们！"

几年后，在从事另一份工作时，我也遇上了类似的情况，当时，一群同事在公然讨论当天中午在公司免费吃的三明治，平均每块的热量有多少，听到她们讨论甚欢，我就恼怒地跑到人事部的办公室。那群人已经把评估三明治的热量当成了日常的习惯。免费的食物一来，他们就一把端了过去，计算其中的热量多少，好像在拍卖会上估算古董价格一样。我虽然像个小女孩一样向他们讨教该怎么算，但我实在控制不住自己心底的情绪。从表面上看，我是恼怒她们的行为，但除此之外，我还觉得惊诧，我居然会拿着一点儿食物，然后准确地去算其中含了多少热量，就像个小孩子一样，我可不想这样。

我真希望吃东西的时候不掺杂任何别的情绪，或其他东西：不因为吃得多了觉得不好意思；不总是控制自己该吃什么，不该吃什么；食物怎样才能让食物只是食物呢？怎样才能让你眼中看到的比萨饼只是比萨饼，而不需考虑其他问题呢？

我要学着烹饪，这样我就会为自己的厨艺而感到自豪，而不会为别的无关紧要的事情而恼怒（我的朋友就是这样说的）。我开始去烹饪更多食物。我厨艺并不太好——顺便说一句，我刚刚把我做卤煮面条的视频放到 Ins 上时，片刻就失去了一大批粉丝。吃我自己做的东西，我就更容易看到食物原本的样子：营养素、佐料、调味品、烹饪方式等等。我自己做的食物并不是非常健康营养的，但总比叫外卖比萨饼或者随便吃点儿饼干什么的要好得多。

在网上找食谱时，往往很难找到真正健康绿色的食物，都是巧克力香蕉薄饼和加盐的蔬菜汤之类的。坦白说，我并不擅长烘焙，所以我很容易避开那些含糖量很高的食物。令人悲伤的是，深色的蔬菜汤可就更难避开了，哪里都有。深色的蔬菜汤是很普遍、很流行的一道食谱。

视频网站上有很多这样的视频，教大家做奇亚酒、加奶杏仁，拍摄这些烹饪教程的都是戴着头饰、穿着瑜伽裤的白衣女人。这不是我随口说的，你登录 Ins 看看就知道了。

这些食谱和教程的创作者都是围绕“干净食物”而来的。“干净食物”，指的就是尽可能食用天然健康的食物——未经加工、未经精炼提纯，也未经过度烹饪的食物。简而言之，食材应尽可能接近它们自然原貌的样子。如果是能给你的泡菜调味的食物（而你也确定你能够获得足够的营养），那也可以。问题就在于“干净食物”的标准，如果未达到这个标准，那么食物就是“肮脏”的。2015年，在做一档《女性时间》的电台节目时，烹饪大师奈洁拉·劳森曾说过这个问题，她说：“我认为，不能强迫自己做食物，我认为人应该享受烹饪美食的过程，而不要去想‘噢，那个不干净，那样做不对’或者‘有吃的就好’。”

我将奈洁拉视作我的烹饪偶像有很多理由。她的烹饪节目可谓有“声”有“色”。刚刚看她节目的人会觉得，她是这世间最漂亮的女人，看她的节目就是一种享受，而且，她烹饪和享用食物的时候，会令人感到开心。我印象最深的是，在一次节目中，某个午夜时分，她穿着丝绸睡衣去冰箱里找剩下的奶酪蛋奶酥。这没什么可感到羞耻的，没什么需要保密的，这个女人只是想吃一点儿蛋奶酥而已，那本来就是她的，她可以吃，这没什么问题。

我从奈洁拉那儿学到，我们要爱上给别人烹制食物，要跟人分享我们烹制的食物，要接受别人对我们手艺的评论（哪怕我们烹制的食物火候不够，哪怕只是生面团）。她教我在烹制食物的时候该怎么放松心情，该怎么制作。在家里一边听惠特尼·休斯顿[①]的歌曲，一边搅拌意大利调味饭，这真是世上最美妙的时刻了。

在吃“干净食物”或其他健康食物时，我体会不到这样的乐趣。我购买了一些介绍这种“干净食物”的应用程序

① 美国著名歌手。

（APP），我觉得里面介绍的食谱都是有限制性的，而且还很贵。午间休息的时候，我跑去健康食品超市买调料，还有一些我说不上名字的东西。我想要像 APP 广告里那个倒立的女孩一样开心，喝着我自己做的康普茶，但我有抑郁症，又没钱，又不知道该怎么做倒立，感觉很有压力。我因为无法过上自己想过的生活而自责万分，我实在没办法了。

如今正流行“食物热”，关于各种食物的科学也是矛盾频出。今天某头条报道，蓝莓能够治愈你的躁郁症，但第二天又会有报道称，蓝莓可以导致痤疮和粉刺。读到这些报道，我感觉我真的无法继续下去了，所以我停止了。我不再按别人制定的规则（而且通常也没有进行合理的调查）来过自己的生活。在某报道中，一个穿着瑜伽裤的金发女郎称，面筋是“有毒的”，应该扔进垃圾桶。不久前，我也在播客里看到一个视频，称食物中的激素会让女人精神失常。听完之后，我甚至近乎偏执地撤掉了浴盆上的帘子。（显然，浴盆帘上也是有激素的——不过真相谁知道呢？）幸好我有一个很要好的闺密凯莉，她是 Buzzfeed 的科学版编辑，她告诉我，挂浴盆帘是没有问题的，吃面筋并不致命，而蓝莓也不会使我的心理健康状况恶化。

跟食物做好朋友很难。你很难弄清楚，哪些食物、哪些烹饪和食用方式是有“雷”的（对自己有害的），不过我还是掌握了如下的跟食物交朋友的方法，希望能对你有帮助。

- 我试着专心进食，而不是一边吃东西一边看笔记本电脑上的工作内容。我用心品味着嘴里食物的味道和口感，即便是饥肠辘辘，我也尽可能不狼吞虎咽。
- 我开始告诉自己，我值得享用美味健康的食物。我值得拥有健康，我应该吃烘烤的蔬菜，应该吃辣味桃酱和鳄梨酱。我应该花钱买新鲜的食材。我醒来的时候，应该觉得能够掌控这一天，而不为了前一天晚上吃的东西而感到沮丧。

- 住的地方有蔬菜水果商店是天赐的幸运。不幸的是，我现在不住在纽顿格林了，那里有伦敦最好的蔬菜水果供应市场，我过去常常只花五分钟，就把新鲜食材塞满购物篮。它改变了我对食物的看法，改变了我对丰盛的一餐的看法。无论我做什么菜肴，都要准备至少三种蔬菜。我用的是香辛料、海盐和椰子油。你不能只去超市购物，如果你只到街角的货乐购超市购物，你可能会忘记还可以去别的地方，你不会发现更新鲜、更便宜的蔬菜和水果。
- 不要拿你的菜跟别人的相比较。你的朋友在吃沙拉，这并不意味着你也要吃沙拉。同样地，别人都在吃牛排，手撕排骨，但你不一定真正喜欢吃。
- 我努力在吃东西的时候保持心情平静，但这需要一个过程适应。我越是告诉自己，吃的时候不要紧张有压力，最后就越有压力。所以我试着改变让我感觉有压力的食物——我不吃生的蛋糕糊，我会吃杏仁，或者巧克力蛋糕。
- 我不会买特别喜欢吃的食品。这样的食品，我一旦买回来了，就会马上吃掉，它们对我太有诱惑力了，即便只是说起它们，我的嘴里都冒出了口水。法式花色点心 10 分钟我可以吃完一盒，蘸番茄酱的薯片、花生酱和苹果派也是一样。我曾经为了不吃完整个苹果派而扔掉了半个，但后来，我又不由自主地把扔掉的半个捡回来吃掉，真是太好吃了！

我已经使用自己的身体很长时间了，我试图将自己的身体当作我生活的地方，我的身体就是我的家。过去，我多年都用毛巾和床单盖住家里的镜子，这样我就看不到自己的身体了。但我现在已经不这样做了。现在，我至少每周照一次镜子，正面全裸：直接完全面对镜子。我试图对自己看到的身体状态做一点儿评价，不能是消极负面的，但也不需要过分地肯定和赞扬。通常，我都会这样开始："我屁股上有一颗痣""我右侧的乳房凹陷进去了""我的小腹凸出了"——心情好的时候，我可能还会说："这看起来很可爱。"

怎样善待自己的身体

怎样善待自己的身体？一个词：跳舞。跳舞跳得太久，你甚至都忘了扭捏是什么感觉。在黑夜里，在你的椅子上，或者躺在床上跳舞。闭上双眼，凭着自己的感觉扭动你的身体。没有人看你，你可以做任何你能想到的奇怪的动作。

布置一个豪华的浴室，在背景墙上画上鸭子，在水里撒上玫瑰花瓣，洗澡的时候弄出尽可能多的泡泡。触摸你的身体，全部摸个遍。你不用去感受什么，不用大喊"我爱我自己"，只触碰自己的身体就可以了，要知道，这身体是属于你的，你要感恩。

你的身体不会到处都有问题。没有伤口，没有凹凸不平的地方。将你的身体视作一个整体，它不是牢笼，不是一块帆布。它不是监狱，而是能够带你去任何你想去的地方的宇宙飞船。

按你喜欢的方式打扮你的身体。我喜欢文身，喜欢超市里卖的那种便宜的染发剂。你可能想要钻个耳洞，可能想要剃光头，可能喜欢刘海儿。

不要跟不尊重你身体的人交往，不要跟只想玩弄你身体的人交往，不要跟不重视你的人交往。

对待自己的身体要像对待自家的花园一样：你的头发生长需要营养，你还需要阳光和关心。你需要滋养。你不能惩罚花园中的植物，不能期待它们不要养分就生长出来。你不能将苗木拔出来，砍掉枝丫，除去叶子，还指望植物能开出花来。

你要感恩你的身体能做什么，如果你的身体做不到什么，也不要责备它。

你的社交资料，你的剪贴簿里，都应该贴满了你崇拜的人，贴满跟你个性喜好相似的人，以及无视别人的评价，保持自己风格的人的照片。

要知道，女人总是把自己的身体当作敌人，所以男人就利用我们的身体，按他们的愿望改变我们的皮肤，让我们只能顺从。在成长过程中，我曾抱怨自己的屁股太大，因为容易遭到街头骚扰，容易遭到奚落。我对自己的胸部很不满，因为太大，所以一低头就能被人看到，这让我很不舒服。我很不喜欢自己的长腿，因为我乘坐地铁和火车的时候，旁边的乘客都会趁机瞟一眼。我很厌恶自己的身体，因为它总能吸引别人的目光，这让我感到很讨厌。但这不能怪我的身体——我们应该谴责的是那些不尊重女性身体的人。

要记住，你的身体就是一台神奇的机器：你的皮肤一个月重生一次，你的血管总长度为 62000 英里[①]，你每小时制造 1.8 亿个红细胞。简而言之，你的身体是一个复杂多变的整体，它需要你的尊重和赞美。

你自己照照镜子。我发现我很难面对镜子中自己的样子，我发现我总是觉得自己很美，但我尽量不给自己太高的评价。看着镜子中的你自己，看看你的身体是什么样的，哪里有曲线，哪里很有型，哪里有伤疤，哪里有肿块。**我越是观察自己的身体，就越明白身体各部分的状况，我就更容易接受自己的身体，更容易认为，这是最适合我的身体。如果我不重视自己的身体，或者当它不存在，那我就不会觉得我看到的是自己的身体。**

拥抱你自己，爱抚你的身体，梳理你的毛发。对你的身体说“你是最棒的”“你很美”，或者说你希望听到别人说的任何赞美。

---

① 1 英里≈ 1609.34 米。

第4章

当你恋爱时，请记住

你已经学会关爱自己，在乎自己了，那么你就可以出去约会了。约会是很令人头疼的，但约会的时候一定要时刻保持警醒，就像无论去哪里，你都带着一个大哭不停的小婴孩。对，这家餐馆很棒，但我膝头还坐着一个哭喊的小孩，如果我突然又有恶心想吐的感觉，那还怎么能给别人留下好印象呢？事实上，每次约会时，我都想变成米歇尔·菲佛（特指菲佛在《油脂小子》里的形象），但是我感觉自己更像恐怖片《驱魔人》里的女主角：邋遢、疯狂和异常地好色。

在我看来，约会就像应聘工作或者审理案件一样。如果你状态不错的话，你就要推测接下来会发生什么。你必须做到最好，必须表现得风趣，惹人喜爱，同时也要尽量发掘别人的优点和缺点。我的特点就是很擅长提问。我很好问，总能发现别人的闪光点，但约会时，我总是提醒自己，不要总是问别人问题。

当别人问我的生活经历时，我就开始挣扎和纠结了。我蒙了，我想要回想出一些关于自己的有趣的故事，但什么也想不起来。我想告诉别人，我的肩膀是双关节的，但我却只说了“尖双截”之类不知所云的话，更过分的是，我有时还会说一大堆无关紧要的废话，像我哪天吃了什么，我的罩杯是多大尺码的，有时候，强迫症发作了，我还会重复说三次别人说的话。

尽管约会让我感到焦虑，但我从来没想过不再去跟他人约会。单身的时候，我就会尽可能跟人约会，试图想出新的策略和行动计划，以便不让自己焦虑症发作。我会努力去回忆所有自认为有趣的故事，这样我的头脑才不会“死机”。

因为焦虑而使约会冷场时，我总会说关于新加坡机场的不实传言。据说如果你的航班在新加坡延误超过 5 个小时，你就能够免费游览新加坡，而且可以免费使用机场的游泳池，我也不确定这是不是真的。（如果你在新加坡机场工作，你就会知道这是无稽之谈，在伦敦的那些朋友，我的确跟他们说过这种传言，不过你会告诉他们我说的不是真的吗？）我约会的时候之所以说这些，以及关于机场的其他事，是因为我想要放松自己的心情（知道吗，听说 1987 年时，美国航空公司在给头等舱乘客的每一份沙拉里减少了一个橄榄，就节约了 4 万美元）。

唯一的问题就在于，我太过专注于机场的故事，所以我忘记了这些故事跟谁说过，跟谁没有说过。第二次约会时，我可能突然说从悉尼到美国达拉斯的航程最长，然后我才想到，这一条我第一次约会时，甚至一个小时前就已经说过了。渐渐地，让我缓解压力的“工具”就变成了我的敌人。我就像坏了的菲比精灵[①]一样，不断地说着关于机场的故事，直到不能继续说了。

那我怎么才能冷静下来呢？我冷静不了。我认识到的最重要的一点是，约会时我总会觉得紧张有压力。有时候，我的状况并不太严重，但对跟我约会的人而言，这就是个大麻烦。有时，对方做的小事情能够让心情焦躁的我感到轻松。例如，如果别人跟我约会时叫了我的名字（如“很高兴认识你，玛吉”或者“玛吉，你在哪儿长大的？”），我就会认为，他们很看重我，他们愿意跟我相处。如果跟我约会的人对酒吧的

① 乐高旗下的一款电子宠物玩具。

侍者都很友善，我会认为他对人有礼貌，我可以信任他。如果他喝多了，却又不会冲到吧台再要一杯的话，我就觉得，我们可以好好地相处一下。

约会的时候，我有几种办法能让自己感觉舒适安心。首先，赶赴约会地时，跟朋友打电话让心情放松。这个朋友不会介意我到达约会地点时突然挂断电话，也不会介意我找地方的时候说我经过的地方："我正走在街上，我看到了酒吧，我看到了酒吧玻璃窗上自己的影子。我就像个小鬼，这地方不错。小鬼总是非常性感迷人的。我的这次约会应该也会不错。好的，我已经经过了这家酒吧，这样，我就不用一直站在门外，酒吧里的人也不会认为我是个无所事事的家伙了。我在继续前行。哦，天啊，我看到他了。该死，好的，见鬼！我应该挥手向他示意吗？不，我不会这么做。我会好的。好的。我要走了，他会说我不守时了，再见！"

其次，约会时要准备足够的水。我约会的时候，很喜欢喝水。水能够帮我缓解焦虑的症状。没有水，我就会担心自己可能脱水，就会担心自己像被晒干的梅干一样，皱皱巴巴的。此外，我还总是担心，约会的时候，我会因为吃东西太多太快而被噎到。我要是太过紧张的话，连吞咽一点儿蔬菜汉堡都要全神贯注，我需要喝水来帮助吞咽。

有一次，我去红砖巷约会。在那里，我跟朋友买了一些埃塞俄比亚咖喱，然后我们去了一家公园，坐在公园的长椅上一起吃。咖喱很美味，但突然我的肚子痛了起来。可能是食物用的香辛料我还不太习惯吧，我突然产生了极端的想法，认为我将会因吃了这里的食物而被毒死。

从生理感觉而言，我并没有觉得有什么不舒服的，但因为我正想着中毒之后会出现的状况，所以我就真的开始感觉不舒服了。我的肚子很难受，我感觉肚子里有什么已经涌到喉头处了。我试图集中精神去听他说的话，但那个人一直在说他新买的自行车多么多么好，我实在是听得厌烦了，根本不愿意继续听下去。我发现，他身后几米的地方有个垃圾桶，于是我走过去将空的咖喱盒子扔进去。他本想要替我代劳，但我不同意，因为我坚持不让他去，他就让我自己过去了。

我将咖喱盒子丢到了垃圾桶里面，这样我就能弯下腰去，意图趁机呕吐出点儿什么来。我不断提醒自己，如果真的想要呕吐，那现在正是时候，而且也不会引起他人注意。我弯下腰，张开了嘴，但除了一阵干呕的声音之外，什么也没吐出来，当然，这干呕的声音我假借咳嗽掩饰了过去。然后我结结巴巴地跟那位男士朋友解释了一番，并提议一起去散散步。途中，我去了一家小商店，买了一瓶水。

我举起瓶子喝水，那冰凉的液体入肚的感觉，就像扑灭了建筑上燃烧的大火一样。那股讨厌的咖喱味被冲淡了不少，我感觉不那么恶心了，心情也平静了下来。我也让那位男友喝水，他喝了一大口，还说："噢，我正好也渴了！"我听了大笑起来，这真有趣！

那之后，无论去哪儿我都会带着水。无论是去约会，去应聘，去乘坐火车，还是骑自行车，我都会带上水。水对你来说是很好的，你只要喝了水，那就对了。

约会不仅仅只是约会，你还要思考，在什么地方你会感到焦虑不安，什么时候会觉得紧张有压力，你还要想好你应该怎么对待别人，什么时候对他人做出回应等问题。如果状况不错，还可以准备第二次约会，我就会一直守着电话，就像一只口渴的动物在溪流边徘徊一样，这里是生命的源泉。如果收到朋友约会的信息，我感觉马上就充满了活力。如果“溪流干涸”了，我没有收到他示好的信息，就会很沮丧。

约会再没有下文的时候，我就会认为“他只是没那么喜欢你”——这话出自 21 世纪初的同名书，后被改为了电影，不过这部电影并不出名。第一次读这本书时，我才 15 岁。我在聚友网（MySpace）上认识的一个热衷于情绪摇滚乐的网友没有回复我的信息，我就会想：“好吧，他没那么喜欢你。”约会的时候，你就要这样提醒自己。这样做的好处就在于，我能够很快地摆脱失恋的沮丧感，但不好的地方在于，这话我已经说过很多次了，而且说的速度也很快。如果我给男士发信息，而对方一个小时后才回复我，我就会大声告诉自己“他真的没那么喜欢你”，不等跟他约会我就不会再联系他了。

我的现任男友阿列克斯跟我刚开始约会的时候，有一回，我们一周多的时间都没有联系彼此，我就认为：“对，我可以确定这家伙一点儿也不喜欢我。”他虽然也上网玩，但却没有回复我在“网络信使”[①]上给他发的信息，所以我以为他离开了伦敦却没通知我。那时候，我觉得他可能太忙了，不会再跟我联系了。

令我吃惊的是，他出差回来之后的一个周五晚上，他发信息给我，问我这一晚过得怎样。那时，我刚从酒吧出来，用优步（Uber）打了车，准备回家。阿列克斯和我相互发送了几条短信，告知彼此今晚究竟过得好不好，发送信息的时候，我们也约好了第二天见面的时间。那天晚上睡觉时，我很高兴。

第二天醒来时，我前一晚的记忆像被完全抹去了一样，完全不记得我跟阿列克斯发的短信内容了，只觉得“真该死，一切都很糟糕”。那几周的时间里，我总是觉得“哦，他一定不会喜欢上我”，我已经习惯了这种消极的想法，就像我穿了一件有异味的连帽衫，虽然气味难闻，但我还是穿上了它，因为它是旧衣服，而且穿起来很舒服。

我的一个朋友上午打电话给我，问我这一天要怎么过，我抱怨说，我真的很喜欢阿列克斯，但他却对我没什么反应，我想今天再跟他约会一次，但他却没联系我，我真是悲剧，诸如此类的话。她叫我回床上休息，要我再等几个小时，并给他发信息，如果他不回复，那就去她那儿，我们一起玩。

我们挂断了电话之后，我一边打开一包零食，一边看着

① 一款智能手机短信应用程序。

喜剧《宋飞正传》，我这个周六就只能这样了。下午 1 点时，我收到了阿列克斯的一条信息："嘿，我迟到五分钟，一会儿见！"

一会儿见？

一一会儿见？

一一一一一会儿见？？？

我提到嗓子眼的心落回了肚子里。他要到哪里去？他说的迟到是什么意思？我们要在哪儿见面？我们约过吗，为什么我不记得了？我翻看了一下我们的信息记录，这才想起来，我们昨天约好下午 1 点在萨默赛特郡见。我终于想起来了，真要命。

那时，我从家里搭乘火车去萨默赛特郡要 90 分钟，而且我的月票已经用完了，所以，前一天晚上我就决定叫优步了。我发了无数条短信给阿列克斯道歉，希望他不会介意我迟到这么久，因为他一贯是很守时的，但那一次他还是安慰我不要担心，他还要买一点儿东西，他说他会在那边的咖啡屋等我。

这个问题解决了，但我照镜子的时候发现，我还有另一个问题。我脸上沾满了零食碎屑，昨天我去理发店干洗了头，因为用了干洗的洗发剂，而且晚上从地铁站回来，我头上还粘上了灰尘，所以我的头发乱糟糟的，我用我的 T 恤胡乱擦了下脸，然后用化妆刷沾了一点儿化妆品，往脸上涂抹了几下，再快速套上一条裙子，往身体上涂了点儿除臭剂，嚼着口香糖跑出了门。

要是我没有把一切都想成最糟，那我就能记起那次约会，那该多好呀，那样我就不会匆匆忙忙，那个周六上午，我就能轻松自在了，我就有足够的时间做好约会的准备了，而且我会对自己信心满满。而事实上，那天我在伦敦城里跑得汗流浃背，气喘吁吁。

你不必把你的心理健康状况告诉任何人

如果你的心理健康问题影响到了你的日常生活，你可能会想要跟任何与你交往的人倾诉。你什么时候跟人说，在哪里说，怎样跟别人说，这都取决于你。这是你的故事，你拥有支配权。没有人能逼迫你做你不想做的事。

某次，我一个朋友过 38 岁生日，我们在酒吧里给她庆生，我一直在跟一个爱尔兰糕点厨师聊天。我说“一直”是因为那家酒吧就像一段狭窄的过道。你如果站在了某人身边，那么，那一整晚你都无法换地方了。所以，对一个有焦虑症的人而言，那样可不好。

那个厨师秃头，湛蓝色的双眼，手臂的肱二头肌处有一个文身。他问我是做什么职业的，我回答说写作。

“那你都写些什么？”

“主要是心理学方面的作品。”

“噢噢。”

他往后退了一步，好像我刚刚说了什么不该说的话一样，我们之间的氛围变得有一点儿尴尬。我可不想再跟他说什么了。可他又说了一句话，让我们的交谈变得更僵化了："噢，我认识一些有点儿不正常的女孩，就像疯婆子似的。"

首先，这个厨师当时已经 40 多岁了，也就是说，是一个成熟的男人。他应该知道，除非自己所说的人真的是小孩，否则不能把女人也称作女孩。其次，在他看来，他（正常的男人）和那些他认为是"疯婆子"的女人是不一样的，也就是说，那些女人就像做错了事的罪犯，而他本人是受害者。

那个厨师发现了我脸上的表情，于是开始为自己找借口开脱，说他的前妻有躁郁症，说她毁了他的生活。"她应该提前告诉我她有躁郁症，这样我也能有所准备。"我听了，不知道该回复他什么好。我和他不过一面之交，我可不想听他说他和他前妻的故事。然后他改变了话题："那你写的都是你自己的经历和故事吗？"我点点头，他又问："你怎么了呢？"他调笑般地问道，湛蓝色的眼睛一眨一眨的，但我可不会轻易沦陷："我很好，就是有边缘性人格障碍，外加抑郁症和焦虑症。"然后我鞠了个躬，就准备逃离，然而他却不肯放过我。

"你告诉过跟你约会的人你有心理问题吗？"

"我以后会告诉他的。"

"那第一次约会的时候呢，你说过吗？"

"我忘记了。"

"你应该告诉他们。"

"为什么？"

“因为就像虚假广告吧。”

“啊？你这话什么意思？”

“如果他们不知道你的问题，那以后他们发现了，他们就会认为，你跟他们说谎了。”

这时候，我心中的怒火已经冲上了头，我真想在他面前像个真正的疯子一样大吼大叫，但我还是强压下了怒火，跑去了卫生间里，偷偷地吼了一阵。我知道，他不会听到我说的话，也许我太累了，也许是因为空间狭窄的酒吧不适合大声喊叫。那天晚上后来的时间里，我都尽量避开他，我回家时，猛捶了几次枕头。

第一次跟人约会的时候，不跟对方提自己的心理问题，这不是虚假的广告。能够代表一个人的，不只是他头脑中的思想。是的，有时候，我的思想主导了我的生活，让我的生活变成了一团糟。状况最糟的时候，我跟别人的关系就此破裂，或者我伤害了别人，但我还是我自己。我跟你约会，就是想要告诉你我的生活，我生活中好的方面，有意思的方面和我认为非常重要的内容。

我之所以会跟别人谈论自己的心理问题，那首先是因为我完全地信任他们。我知道，我们的关系已经持续了很长时间了，这可不是去酒吧喝几次酒就能喝出来的。

我很幸运，因为我跟朋友们谈论自己的问题时，没有人看不起我。如果我认识的男人个性乖僻或古怪，那么我一开始就不会跟他们交往。以前，我跟男人们喝酒的时候，他们有的人一提起自己的前妻，就很不屑地说“她就是个神经病”，我想，哎呀，我可不跟这种人交往，我可不想跟这种人约会。也许他们的前任并不优秀，也许他们的前妻做错过事，但我并不知道他们的所有故事。如果那个人不尊重我，我也就不会喜欢上那个人。

第 5 章

当你交友时，请记住

很棒！如果你已经知道了约会时该怎么做了，那你就能跟男朋友拉手逛街了。但你要是跟我一样，就不会跟人拉手了，你们可能只敢勾勾小手指，或时不时地碰碰彼此的指尖。无论如何，你都有了恋人，你已经找到了你喜欢与之相处的人。你们经常出去约会。你的朋友们认为这样很好，然后，你们就不可避免地走到一起了。每一段关系的开始，你们都觉得彼此很有意思，然后很快，你们就对彼此不再那么感兴趣了。就像一堆衣服里的一件旧 T 恤，这件 T 恤因为年代久远而失去了鲜亮的色泽，你们相处久了，也就觉得彼此不再有魅力了（但还是要保存着，因为我最喜欢穿旧 T 恤，而且总是穿破）。

随着交往的加深，你们可能开始吵架了，你们可能已经在对方面前哭喊过了，你们可能还会像以前恋爱时一样，做出令自己都反感的行为，可能会偏执，可能会胡思乱想，可能有不安全感，可能会嫉妒，可能会吹毛求疵，等等。

上述的所有情况，某些一定是不可避免的，因为如果两个人相处久了，他们就会了解彼此，不只是熟悉彼此的体貌特征，还会熟悉彼此的个性、脾气，等等，可能会让彼此觉得困扰、害怕，而这些特性可一点儿都不可爱。

正是因为这样，我才觉得爱情难以掌控，因为我就是那种偏执的人。如果我跟恋人争辩，即便就是大声说了几句话，我心里也会认为，我们是在朝彼此大吼大叫，是在闹矛盾，我们最好还是分手，因为这种日子真的很难熬，拜拜啦！我很快就结束了一段感情，这不是因为我想要很快结束恋爱，而是我内心总感觉自己不值得被爱。这听起来太过情绪化，但想要跟我共度一生的人应该知道，我就是那样情绪化的人。这也是我一吵架就要分手的原因。我本能地认为，如果有人爱上了我，那么他们要么是骗我的，要么就是鬼迷心窍了。

我尽可能不让那种想法主导我的思想，我尽我所能地把这想法告诉跟我交往的人。我可能会对某些平常事而感到抓狂，这不是因为我太没有安全感，也不是因为我嫉妒心太强。例如，他可能会上 Ins 看网红女主播的视频，我并不觉得他们真的会去跟那位女主播约会，我只是太过偏执于自己的这个想法：没有人会爱我。这样的事情在恋爱的时候经常发生。我就曾跟那种欺骗我的人交往过。不过，我也曾遇到过不错的男友，但我总是把他们弄得晕头转向，以证明我的想法，就是他们并不是真的爱我。

在过去的那几年里，我交往过好几位男朋友，我都是这样做的。我跟不同的男人约会，等他们爱上我，我又会开始胡乱猜忌，让他们失恋，因为我从一开始就没有相信过他们。

在我看来，恋爱就像手里握着一块滑溜溜的肥皂。每次我认识了它的本质之后，它的形态马上就改变了。每次我认为自己陷入爱情时，我总感觉这一次跟上一次不同，这一次是真的爱情，而原来的那一段感情只是普通的朋友关系而已。

以前，我跟一位叫 M 的画家交往过，但最后我们分手了。对我来说，那就是一次情感灾难，于是，我决定改变我对待爱情的方式。M 本来是不应该跟我交往的。我们是室友，我们对彼此很了解。分手的时候，我告诉他，他从没走入我的内心，而且我们总是吵架。他不认为他没有走进我心里，但却承认了我们的确总是吵架。我们就这样和平分手了，但第二天我就又跟他见面了，而且我们的交流并不愉快。因为 M 对我比较了解，所以他知道我过去是什么样，还给我写了一封邮件，告诉我“我最讨厌你的 10 个地方”，是他真的很讨厌的东西。

他说他讨厌我，说我是个可恶的毒妇，说我操纵他的感受，说我很自私。他这样做，让我有种他把我的缺点做成了广告牌张贴在伦敦的皮卡迪利广场上的感觉，我看到的是我个性中丑陋的一面，或者说，是让我们结束关系的那种不讨喜的个性。过去，我总以为，他并不真正在乎我，所以恋爱的时候，我跟他之间的关系并不好。

我们分手的时候，我还在想：“啊，我们分手他不会怎么样的，分手对他来说根本不算什么。”我根本没有想过，分手会对他产生什么影响，根本没有想过，我们分手后，他还会难过。我根本不知道他是否对我动过情。我认识到，我从来没有为失恋痛苦过，几乎每一次恋爱关系都是我断送的（好吧，绝大多数时候，分手都是我促成的）。我推开了别人，忽略了他们。

改变我的恋爱方式一点儿也不容易。有时候，恋爱中发生的某些事情会让我觉得难过，觉得我不值得被爱。如果你真的觉得自己不值得被爱，你就会感到孤独、难过。我知道，这不只是我的问题，我可不想每天都有这样的感觉，恋爱既能让我们感受到快乐，也会让我们感受到孤独的滋味，但我不会因为恋爱给我带来的乐趣而喜欢上恋爱时产生的孤独感。这就像无缘无故地抱着一堆沉重的物品一样，这种感觉阻碍了我，也挡了别人的道，我讨厌它。

因为接受了心理治疗，再加上我现在的爱情也很顺风顺水，所以我也在学着改正以前在恋爱中所犯的错误。我不再认为自己是这个世界上最愚蠢、最丑陋、最肮脏的人。我发现，在爱情方面，我还是有优势的，我是一个好的伴侣。我关心他人，我能让他人感到快乐。这并不是虚幻的奇迹，这是真实存在的事实。

我也试着做一个小清单，准备在我的头脑想着结束关系的时候用。（警告：有时候，想着提前结束关系是正确的，比如，我发现一个正在跟我约会的男人，非常喜欢浏览我的女同事在 Ins 上发的照片，而且跟我分手之后，他们就在一起了，这样的男人当然不能要了。然而，一般来说，想要结束关系可并不容易。）当我觉得自己不值得被爱时，当我觉得孤独难熬，想要结束恋爱关系时，那我就会尽量暂停一会儿，并按如下清单所示行事。

- 在你的思维变得混乱之前，停止思考，只暂停一小会儿，并问问自己：这究竟是怎么了？你为什么担心？你为什么害怕？
- 大声地说出某些想法。我很幸运，现在跟我交往的男友是这世间最有耐心的男人，我一天问他一百万个问题，他都不会心烦。我们的对话通常是这样的。

  我：你爱我吗？

  他：爱。

  我：那你喜欢我吗？

  他：当然喜欢。

  我：那你是真的喜欢我吗？

  他：是的。

  我：好的。吃点儿比萨饼怎么样？
- 不要将现在的男友跟之前的男友相比较。有时候你会在当前的恋情中看到你过去某段恋情的特征，它们就像警示标志——它们会让你不自信——那么，你就要接受这些特征，但如果只是寻常的特点，就不要去想："噢，我的前男友过去总说，我把衣服扔得到处都是，他希望我能改变，现在你也是一样，想要改变我，哦，天啊，男人真可恶。"而现在我就会跟对方说："要知道，我就是随便的人。房间嘛，我觉得应该打扫的时候才会去打扫，别想改变我。"这样，我们的恋情才会正常发展下去，而不会像过去那样，我总跟对方吵架，而吵架也让我更坚持对爱情无所谓的态度。

第 6 章

当你受伤时，请记住

健康的感情关系，能够让人产生安全感，卸下厚重的自我保护套。健康的感情关系能够让你们了解彼此，能够让彼此完全地了解对方，你们也会因为互相了解而感到开心。

要让自己的恋情达到这个地步，你就必须了解自己的“界限”在哪里，因为你不知道，进入你生命中的人会怎样出现，你也不知道，他们会怎样消失在你的生命中。真正爱你的人会倾听你的心声，你想让他们离开你，他们就会离开，但你需要帮助的时候，他们也会及时出现。简而言之，他们尊重你的“界限”。

简单来说，“界限”分为生理上的和精神上的两种。你的生理“界限”是很明显的——就是你与其他人和事物之间的界线。心理“界限”就复杂一些。在《不可思议的自我界限》一文中，夏兰·班森教授称，心理“界限”跟掌控事物的行为有关，你所有的一切（事物、人、观念、技能、权益、名声和特权等），基本上，都应在你掌控范围之内，都是归你所有的东西；它还包括你与其他人物、组织的从属关系（如团体、党派和组织机构等）。从这方面而言，人物所拥有的事物，以及他们自身拥有的特质，组合成了我们所见的他们的样子。

你敏感、焦虑时或经历过创伤之后，可能就很难理清自己的心理“界限”。你觉得你跟其他人和事物产生了联系，那么，你就拥有了他们，相应地，这也意味着他们拥有了你。

我给自己修建了铜墙铁壁一般的“界限”，将自己和外部世界完全隔离开来。我脑子里一团混乱，所以我的“界限”都是为了自我保护而设立的。我需要空间来让自己恢复平静。如果人们距我太近，我可能根本无法做自己的主导。然而有时候，我虽然希望有人陪伴，却因为太过用力，而把所有人都挤出了我的世界，这时候后悔已经来不及了，别人根本进不来了。

当别人跨过我的“界限”，做了让我难过的事情时，我就会更加深入“自我”的空间里，紧紧缩成一团。我把自我的这个空间变小了，那么，我也就变小了，我的希望、梦想和声音也都很快消失了。

我经历这样的时刻时，就总会想起我的希腊籍同学安东尼娅。别人跨过她的“界限”时，她就会严守自己的“界限”，像地主一样，赶跑所有侵犯她领地的敌人。

有一次，我跟安东尼娅一起去商场购物，她跟我同龄，当时都是 14 岁。她一头棕黄色的头发，戴着一个肚脐环，穿着彩色鞋带的匡威鞋。她很有魅力，无论什么时候见到她，她都是一副很自信的样子，这是大多数少女都不会表现出来的。她棕黄色的头发很直，总是轻轻地将这一头长发往后一撩，就像把挎包挎到肩膀上一样。虽然我个头比她高，但走路的时候，我总是跟不上她的步伐。

我们穿过商场的食物区，去另一头的自动扶梯那里。她想要买新的环形耳环，而她想买什么，我也就想买什么，因为我想要像她一样。

一群年纪比我们大一点儿的男孩从我们身边走过，我觉得他们可能会对我们做出无礼的行为，他们可能会用言语挑逗我们，也可能会接触到我们的身体，可能会碰到我们的手臂，我们的臀部，或者在我们试图找出口的时候跟在我们身后，这个商场就变成了性侵的犯罪现场。虽然想到了这一点，但我还是走回了货架那边，因为我很想找当肯甜甜圈，这种欲望盖过了对可能被侮辱的担心。而且我已经知道了，去购物的时候一定要穿长裙，梳一个刘海儿发型，用长发遮住脸，把套头外衣系在腰间，遮挡住身体的曲线，所以我也做好了这方面的准备。

虽然我做了准备，但我也知道，我们根本无力抵抗这一群年轻气盛的男孩。他们经过了我们身边，出乎我们意料的是，他们没有太过分的举动，只是轻声说了些什么，我虽然听不清楚究竟说了什么，但可以确定是一些无礼的粗话。我闭上了双眼，加快了脚步准备离开，很希望安东尼娅也跟我一样，但事实上，安东尼娅的行为跟我的正好相反。男孩们放慢了速度，停在了她面前。她看着为首的那个男孩的眼睛，大声喊：“不要过来！”她的声音既不尖锐，也不惊恐，反而很坚定，很大声，“不要再过来了！”说完，她握住了我的手，我们跑去了商场的另一头，搭乘自动扶梯下楼，冲进了克莱尔首饰配件区。我想要给她一个拥抱，而她却忙着找耳环。安东尼娅的行为一点儿也不出格。她知道自己将遭遇不堪，而且也为自己出了头。她用她的呼喊为自己界定了“界限”。她告诉了那些想靠近她的人，他们不能越过她的“界限”，她也不会让他们越过自己的“界限”。

那时候，我真希望自己也能像安东尼娅那样无所畏惧，但却怎么也做不到。我喊出来的“不要”，声音远不及安东尼娅那么大，更像一声微弱的低语。我不知道该怎样做到跟她一样。

一周后，我跟母亲再次去了那家商场。我们一起搭乘自动扶梯，母亲在我前面，我身后跟着的男人掀起了我的短裙，一只手的整个手掌都贴在了我的臀部，直到我们离开扶梯。我的身体都僵硬了，我想要喊出声来。他的手摸过的地方就像有一团火在烤一样难受。我讨厌那个男人。我想要找到他，狠狠地揍他一顿。我很生气，我甚至想要挥舞着棒球棒穿过商场，把里面的东西全都砸碎。

但我什么也没做，我觉得耻辱，因为我居然一直保持沉默，让那个家伙得手。我母亲问我要不要吃点儿什么，而我说，我想要回家。我知道，如果是安东尼娅遭遇了这样的事，她一定会进行反抗的，真希望当时我也能像她那样，勇敢地为自己出头。

我不知道该怎么将心里勇敢的“安东尼娅”释放出来——事实上，随着我渐渐长大，我的“界限”已经越来越固定了，这“界限”已经无懈可击了。我不喜欢被人触碰，不喜欢别人靠我太近，我身边已经形成了一个固定的离心力场，别人都靠近不了我。

随着我逐渐长大，我认识到，“界限”跟你的情感空间很有关系，你向别人展示了什么样的个性，你的情感空间就是什么样子。我感到兴奋的时候，我就会拿自己取乐，就会给自己讲一个与放屁或者摔跤有关的故事，这是我在面对别人的嘲笑之前自嘲的一种方式。

因此，从表面上看来，我对一切都很冷淡，从不轻易把自己的事告诉别人。而事实上，我过于暴露自己，以至于成了一个笑话。我不想别人把我看得太复杂，所以只展露了二维版本的我。然而，这样我就把别人都挡在了自身以外。我只表现出了更为有趣的一面，而将脆弱的自我完全掩藏了起来。“你想不到，我上周干了什么蠢事儿”，这是我给其他人放出的烟幕弹，我让他们去看那个不断挥舞着手臂表演的人，而不要去看那个独自待在角落里的女人。把那样的我放在一边不予理会。

如果阅读上述内容，你还不明白我的“界限”，那么，我会举出一些我感觉别人不太尊重我的“界限”的例子，来让你明白我的“界限”是什么。

- 有人（通常是男人）对我喊道：“噢，亲爱的，给我笑一个。”我并不能选择要不要听，因为他的话我已经听到了。
- 我跟别人坐在一起时，他们发现我不喜欢跟任何人太过接近，这让他们觉得我很有意思，于是就把椅子搬到了我对面。
- 我 14 岁时，学校里的男生们把我堵在衣帽间里，问我有没有自慰过。
- 跟我不太熟悉的男人，在未经我许可的情况下，私自把他的下体的照片寄给我。
- 我跟前男友约会，本来相处还很愉快，但是他突然朝我这边靠过来索吻，为了避开他的亲热，我差点儿从椅子上摔下去。
- 乘坐地铁的时候，一个男人靠近了我，以便偷窥我的胸部。
- 跟别人闲聊的时候，某人突然问了一些关于我的性生活的问题。
- 别人告诉我一个我并没有过问的秘密。
- 我在参加社交活动时，某人像说自己的故事一样把我的故事公开了。
- 被人挠痒了。

- 被推到了别人的怀里。
- 跟我握手的时候，把另一只手也放到了我们相握的手上，就像要牢牢控制住我一样。
- 当我说想要独处时，他们还是赶到我家里来看我。
- 别人像医生一样替我做诊断。
- 别人未经查验就认定关于我的事。
- 别人翻阅我的日记。
- 别人查看我的邮件。
- 我并未向别人求助，而他们却对我指指点点。
- 别人说，他们认为我不用再服用药物。

曾经发生过的糗事

我即将告诉你的，是本书中最让我觉得难堪的内容。我把这些都记录下来，是因为我虽然给自己设定了“界限”，但这些也是对我的提醒，让我记住，对自我的保护也应是有限度的。有时候别人会突破你的“界限”，强行闯入，在这种情况下，他们对你造成的伤害远远超过你的想象。

每年，在英格兰和威尔士，有近 50 万成人遭遇性侵犯。我经历过性侵犯之后，总觉得没有安全感，总觉得耻辱，也总觉得这都是我的错。我逐渐地恢复了过来，但却没有完全恢复，因为有时候我还是会想起曾经遭遇过的性侵，然而，我最终还是学会了再次相信他人。

那天晚上一开始就很不顺。当时我 26 岁，我经历了失恋，也不再在酒吧外故意烫伤自己的手臂了，我在受伤的皮肤上抹了药膏，但我的生活仍然有裂痕。我迫切需要改变，而当我积极主动去改变的时候，却总是不成功。

当时我去求过两次职，而且两次貌似都是不可多得的好机会。然而，这两次面试，面试官都说，我要是没有自残过就好了，他们说他们很喜欢我，但他们提供的职位还有更适合的人选。当天下午 5 点，我很泄气地走进了我的医生的办公室。而她也有消息要告诉我：她怀孕了。由于有并发症，她的这次怀孕过程应该会很艰难，她需要休息。我激动得从椅子上跳起来，她却轻声地让我坐下再说。

“你知道，这对你的疗程而言意味着什么吗？”

我轻轻地点了点头，表示我知道，而她却很坚决地否认道：“不，你不知道。”我不知道，这是我们医患关系的结束，我需要另找一位医生，跟对方再次从头开始。从内心而言，我是有点儿不情愿的，因为这说明，对她来说，孩子比我更重要。我本该利用这次机会说明这些问题，但事实上，我只是耸了耸肩，并说，我为她感到开心。

我忽略了心中恐慌的浪潮，忽略了自己的焦虑症，忽略了我再没别的地方可去寻求帮助的无助感，我已经习惯了这每周一次的诊疗，我是依靠它们而好好活着的。每当我们见面时，我都会把平时封藏在心中的恐慌、焦虑一件一件地倾诉给她。我很喜欢她，她很和蔼，让人感觉如沐春风般舒适，跟我一样是住在伦敦的外国人，而现在，她将要离开我了。数周之内，我都不会再见到她了。

诊疗结束之后，我抽了几支烟，然后就赶去了英国国家肖像美术馆，在那里，我见到了一个多年未见的老朋友。在脸书上，我们发现彼此都在伦敦，于是就决定出来见个面，喝一杯。这时候我已经迷上了情感偶像剧，我认为，跟一位老朋友共度一个晚上会令我感到轻松愉快，而且跟老朋友在一起，就像跟表兄弟姐妹在一起一样，很安全。

去的路上，我遇到了一个人，居然是我的前男友，为了避开他，我差点儿被自己的脚给绊倒，所以，我拐进了一条小巷，隔着墙壁偷偷观察他。应该就是他没错了：同样的头发、同样的鞋，同样的木头似的站姿。我不想跟他打招呼，尤其是，我现在还要去见另一位男性朋友。我不想让他觉得我移情别恋了，我不想让他更讨厌我。

我弯腰驼背，一直偷偷地盯着他，他正看着手机，朝我的方向走来。“该死。”我想着，转过身去，挺直了腰，如果他要跟我打招呼，我至少不能让他觉得我在偷窥他。我很紧张，感觉心都怦怦直跳，本来想再抽一支烟的，但是双手却颤抖不已，根本拿不了什么东西。“就站在这里，”我想，“就站在这里，自然一点儿，冷静。”我鼓起勇气，做好准备转身打招呼，然而，等他走近了我才发现，他根本不是我的前男友。他不过是个普通的路人。我顿时轻松了下来，但也觉得刚刚那样真是愚蠢，白紧张了一场。

后来，我的朋友赶到了，我们相互拥抱打过招呼之后，我把刚刚的故事告诉了他。他带我去了一家酒吧。我就像穿越过沙漠一样想要喝水，终于在最后发现了一个水箱。以致于我根本没发现，在酒吧喝完酒之后，我的朋友又选了伦敦的索霍区一家奢华的餐馆。我本以为这次只是喝一两杯酒就可以的。喝完了第一杯，我又点了一大杯酒，还想着“真要命”。我那天过得很糟，我知道他也很能喝，而且他应该为我们的晚餐买单了，我就想要借这个机会大喝一顿。

在餐馆里吃饭，我又喝了酒，我根本没有专心跟朋友聊天，我一直在想着我的工作状况、我的前男友，并打算还要多喝一点儿酒。跟我朋友交谈的时候，我偶尔也感觉不太对劲，有时候他碰一下我的手腕，有时候用手轻轻地抚摸我的膝盖，有时候一直盯着我的脸看，我甚至也想到过：“哎，这行为可一点儿也不友好。”不过，我喝了太多酒，理智早就沉溺在酒精里了。

晚餐之后，我想要回家，而他却提议我们再去喝一杯。我喝了一杯又一杯，酒吧也去了一家又一家，随后，我就失去了记忆。回想当时发生的事，我就像进入黑洞一样，什么也不知道了，什么也不记得了。

当我恢复意识的时候，我发现我正平躺在一张床上。我身上盖着被子，天花板洁白如雪，窗户打开，已经是白天了。我发现我的朋友正趴在我身上。我再次闭上了眼睛。因为前一天晚上喝过酒，我肚子很痛。这一切都不是真的，我不能任这件事发生。我应该出声拒绝，可我做不到，我开不了口。我紧紧闭着双眼，沉浸在思绪之中。我真希望能够离开自己的身体，要是我能够隐身就更好了。

我能够闻到他身上的汗味，感觉到他的呼吸。我讨厌这感觉和味道，我讨厌这样，但我还是觉得自己动不了。我的神志和身体并没有完全联系到一起。

我离开了他的怀抱，去了卫生间，对着马桶干呕了几次。我吐不出来。虽然我也想把前一天晚上发生的事当作无所谓，但我做不到。他问我有没有哪里不舒服，我说我想回家。我一边想着回家，一边穿衣服。我要回家，我要摆脱这一切。

我记得我是走路去公交车站的，我记得我是很努力地对他表现得友善。我想起了他跟我拥抱道别的样子，想到这里，我又开始觉得恶心了。我记得上车是为了要下车。我还记得旁边有家麦当劳的店铺，我记得我在车站墙上看到了口香糖，我乘坐公交车回家，回到家后，我脱掉了衣服，用一条羽绒被裹住了自己。

我只记得当时好像发生过什么糟糕的事，但我不太确定是什么了。

后来

回家之后，我体内的一切像被掏空了一样难受，如果你敲了我的头盖骨，那么你趴到我脚边应该能听到回声。我头脑中控制食欲和疲累感的部分纠结在了一起，感觉又累又饿。我不知道我身边究竟发生了什么，我在做的究竟是什么事，也不知道自己究竟有什么感觉。

我一遍一遍地回想着自己那一晚的经历，还把这故事告诉了几个密友。我希望能够通过讲故事而让那段经历变成有意义的、让我能够掌控的事情，然而，我越说，就越怀疑其真实性。这件事真的发生过吗？确定不是我的错觉吗？我那天晚上喝了很多酒吗？

我希望能有一些指导，或者一个小测验，来帮助我控制我的焦虑感。你昏过去了吗？是的。请回答第 3 个问题。痛吗？是的。去你的家庭医生那儿看看。没有安全措施吗？是的。那就去性健康诊所。

我耗费了大量的时间，去检索那一堆乱糟糟的回忆，最终才发现，我并没有同意跟那个男的发生关系，那是性侵。我当时失去了意识。当我跟朋友们说起那件事，他们说，那时候，我应该就像果冻一样软绵绵的，任他摆布。我已经没有意识了。正常情况下，我会咒骂，然而那时候我因为喝酒喝多了已经语无伦次，甚至对自己的遭遇也没有意识，所以那个人未经我许可就跟我发生了关系。

每个遭遇不幸的人的经历都是不一样的，因此，很不幸，我并不能告诉你事发之后你应该做什么，然而，如果你也有过类似的经历，我能够为你提供一些我的经验。

1. 你想怎样发泄，就可以怎样发泄

每个受害者做出的行为都是不一样的。无论是爬墙、闷在枕头里大叫，还是咒骂你讨厌的人，这些都是可以接受的。

当时，我对我的这种行为深感愧疚，然而向心理医生奈娜·巴洛兹咨询过之后，我就明白了我应该做什么，我只要去做就好了。你必须让你自己去面对这不可避免的过山车式的情绪浪潮。你越是压抑自己，这股情绪浪潮就越猛。巴洛兹医生还教给了我非常宝贵的一课：要对自己有信心。无论你在做什么，这都是你自己的应对方式。你必须让自己放轻松。

2. 不要逼迫自己做不想做的事

我怎么也不愿意再见对我做过这种事的人，但我感觉，我还是有责任去确保他不会再以这种方式伤害他人。也许，我把我的故事公开出来，能让我获得解脱吧。世界各国的媒体，都不乏这种报道，尤其是美国的电视台，介绍了很多性侵受害者原谅施害者的案例。事实上，我并不想原谅他，也不想为此而教育他什么，我这样做的主要目的就是余生都避着他。我不想再见到他，也不想再跟他来往。

我想象着自己走进了一家咖啡屋，去见那个性侵我的人，我很紧张，很恶心，我的手掌汗流不止。只要想一想，我的身体跟他的身体处在同一个房间里，我就感到恶心。如果我跟他呼吸着同样的空气，我能闻到他的气味会怎样？如果我当时失去了意识会怎样？如果我昏迷不醒会怎样？如果我喝

醉了会怎样？如果我失去了控制又会怎样？如果再发生一次会怎样？

我不断地在心里默念：我一定要见到这个人，这比我自己的幸福更加重要。我责备自己的软弱和懒惰。但是，尽管我如此地强迫自己，我还是没办法鼓起勇气给他打电话。我一直纠结是做我应该做的去见他，还是做我想做的，最终我选择了删掉他的号码，因为我觉得我并没有做好再见他的准备。也许几年后我能够做好准备，也许到时我还能再次得知他的号码。但是，现在我只想过好自己的生活。我不是不想，我现在不拨打他的电话约他见面，只是因为我想将自己的心理健康问题放到了首位。我要排解掉那些不可见的心理压力，我要根据自身的条件，一步一步地努力。

3. 做好准备再去告诉别人

要将自己的经历公之于众是很不容易的一件事。你不仅要考虑自己的感受，也要考虑他人的感受，你要想一想：他们会相信我吗？他们会怎样看这件事？他们会不会难受？

如果你要把你的经历告诉其他人，那首先要确保对方是可以信赖的人。这时候，你不仅要对自己保持怜悯之心，你还应该对那些听你讲故事的人保持怜悯之心。听闻你在乎的人遭遇过暴力，你肯定觉得不可置信，觉得难受，所以跟在乎你的人说你的这种故事，他们也会有如此感受。如果可以，请你给他们留一点儿空间，允许他们发泄自己的感受。请尽量不要让他们失望，不要太过期待他们会做出你想要他们做的行为反应。**如果你对某人有特别的要求，请从一开始就告诉他，如“我希望你跟我一起去警局报案”，或者“我只是希望你能陪我坐一会儿”。这样，他们才能够明白该为你做些什么，该给予你怎样的支持。**

我想，我最大的错误就在于，我根本没有弄清楚要从别人那里获得什么，就把我的遭遇告诉了他们。也许我只要说“我告诉你，我真不知道为什么，我希望你能够有所反应，以便给我一点儿时间”，这样就好了。然而，我却只跟别人说了我的遭遇，然后我们的对话就再没了下文，我也不想再多说什么了。然后，还不等对方做出我期待的反应，我就开始恼怒不已，抱怨不休，这是不公平的。

如果你是第一次听到这种遭遇，那最重要的是，你什么话都不必说，只要听着就好，确保让你的亲友有安全感。

4. 永无止境

遭到生理上的创伤后，医生可能会告诉你，你需要休息，如脚踝扭伤了，你需要休养一周，然后才能下地行走。然而情感创伤的恢复要比生理创伤缓慢得多。有时候，你会觉得这段时间漫长难熬，有的时候你甚至觉得快要窒息了，令你感到疯狂。最重要的是，你要调整自己的呼吸，调整自己的生活状态。我还是一直处理曾经的遭遇给我带来的伤痕。当我看到一个穿西装的金发男子时，我就会想到一些过往的场景；我乘坐的夜班车经过事发地的时候，我也曾对着自己的背包干呕。

当你认为你已经理解了你遭遇的创伤时，你会感觉你很快就要康复了，而这很可能改变你的生活节奏。有时候我就会觉得，我的心理疾病就快康复了。我曾经参加过一个培训班，学着怎样辨识家庭暴力行为，我觉得，辨识出家暴的行为，就能够制止施害者，这让我很有成就感，因为这意味着我可以帮助他人，至少可以尝试一下。但有时候，我又会被恐慌、羞愧所包围，就像我又回到了原点。

通常，这两种感觉会随机出现的。有一次，我正在看一部由澳大利亚著名演员妮可·基德曼主演的电视节目，女主角不断遭受欺凌，状况很不好，而令人感到讽刺的是，女主角竟然乐在其中。看着这一段情节，我感觉我好像进入了剧情中一样，我能够跟女主角对话，虽然这听起来很荒谬。如果人们认为基德曼扮演的角色应该遭受斥责，那么我呢？人们肯定也会斥责我。那一刻，我拿起了手里的零食，从床上跳了起来，赶快离开了家，出去用手里的零食换了两瓶酒。

巴洛兹医生说过，遭遇暴力之后，人就会变得颓废。你必须学着适应，要振作，虽然很困难，但是你需要付出极大的努力，才能把握住平衡，才能找到让你感到舒服的东西。你的遭遇值得全世界的同情，这不是能够轻易放下的事情。这种侵犯对你是不公平的，对所有遇到侵犯的人都是不公平的，然而，仍然有很多人能够从这样的创伤中恢复过来。

保持一个良好的心情，这样你才能把你的遭遇当作你人生经历的一部分，因为这件事既不能定义你的过去，更无法决定你的未来。

5. 你不应为你的遭遇而承担责任

经过性侵之后，你一定要去报警，这可能有很多理由。不过，在遭到侵犯后选择报警是件很不容易的事，因为你必须跟很多人去说你的遭遇，不只是需要治疗创伤那么简单。

刑事犯罪科希望从你这儿了解到所有案情。你要确保你的确想要报案，如果你想让犯罪嫌疑人面临指控，而你也知道你有这个权利，那么你就应该这样去做。

如果可以，请尽可能地寻求身边人的支持和帮助。当你觉得难受时，可能就希望有人来支持你、鼓励你。

有些人在报案之后，得到了良好的照顾：他们得到了支持，最终他们的经历也得到证实。然而，并不是所有人都能获得自己期待的结果。起诉的过程很烦琐，而且根据你所在国度的不同，起诉的过程也不尽相同。在英国，你可以拨打国家强奸危机热线；而在美国，你可以求助联邦强奸、虐待和乱伦系统。如果性侵是近期内发生的，你应该与你信任的任何人尽快赶赴警局报案。你可能会接受检查以便获取证据，如血样、尿样等，必不可少的还有照片，你可能还会接受生理检验，以便测验是否传染了性疾病。

在英国，皇家迫害服务机构能够决定，你所遭受的侵犯是否有足够的证据进行起诉，如果证据不足，他们就不会立案起诉，但这并不意味着他们不相信你，只是，从法律角度而言，他们没有找到足够的证据去定罪。这无法给受害者带去安慰，但你要记住，你已经尽力了。

6. 自责是一种应对机制

我一直在纠结是该对施害者感到愤怒，还是对自己感到愤怒。

遭到了欺凌之后，除了对施害者感到愤怒，也会因自己无力反抗而觉得自责，这种自责感是无穷无尽的，也是令人疲乏的，但让我摆脱这种感觉的是这样一种认知，即，这只是我的头脑应对这一遭遇的方式。自责可能会让你觉得自己活得不值，但在某种程度上而言，却也能给予你掌控感。自责既赋予了我所没有的一种力量，同时也保护我远离这种冷酷的现实，无情的人会无视你的“界限”，而你对此无能为力。

通常在虐童案中受害者自责最为普遍。随着逐渐长大，经历过被虐待的孩子们会认为，他们应该为自己遭受的虐待负责，这样，总比责备父母没有照顾好自己更让人心安。年幼的时候，你怎么会责备父母呢？

7. 有同样经历的人可以帮忙

找那些跟我有相似经历的人交谈，帮助我更容易接受我的心理问题。遭遇过性侵后，你也可以跟有同样经历的人说。

在一大群跟你有同样经历的人之中，你能够学到别人是怎么处理跟你相同的问题的。你也能够在别人的故事里体会到同样令人觉得难堪的情绪。虽然每个人遭受的创伤程度不同，但与他人相处能够让你摆脱自卑感和耻辱感。一次群体聚会的时候，我感受到了体内燃起的激情的火苗："看看我们，我们就坐在这里，虽然我们都曾遭遇过不幸，但我们仍然在继续努力地活着。"

8. 精神分裂很可怕，但应该控制好

本书随后会更详细地介绍精神分裂，被性侵之前和之后，我都发作过严重的精神分裂。心灵网将精神分裂定义为"一种你自认为与世界失去了联系，与你自己失去了联系的状态"。

受到创伤之后，很容易产生精神分裂的症状。精神病理学家巴塞尔·范德考克在《身体从未忘记》（*The Body Keeps the Score*）一书中写道："心理创伤的本质就是精神分裂。难受得好像要四分五裂一样，因此，与难受相关的情绪、声音、场景、思想和生理感受也都有了生命。"

这种精神分裂的症状任何时候都可能表现出来，无论是经历磨难之时还是之后。我总觉得没办法知道这种症状的诱因，即便是已经过去那么长时间。可能某次周末烤肉之后，我去了一家酒吧喝酒，突然间我的大脑像变成了一个衣柜，我的意识被猛然吸进去，里面不是理想国度而是一个只有白噪声的无人区，而且我当时已经神志不清了。

虽然上述插曲听起来很恐怖，但对我来说最重要的就是理清过去发生的事情，而且尽量不要因那些事情而感到恼怒。如果我当时能够把握住那种不确定的感受，并以怜悯的口吻告诉自己："有些事情已在触发你的情绪，让你觉得没有安全感。提醒自己会没事的，你做得很棒。"那该有多好。

我开始将自己的精神分裂症状当成大脑处理整合我的经历的过程。我开始将身体和精神视为一体，而不是两个相互冲突的独立个体。他们想要共存，想要处理和应对我曾经历过的一切，但有时候会起冲突。

另一种有帮助的办法是，不要再去费神思考该怎样解决出现的问题。我是那种一旦出现什么症状就会去谷歌查找相关资料的人，如我会去搜索："我的眼皮为什么会抽搐，我能做些什么来制止这种症状？"经历过折磨之后，你的心智就会乱掉，而要恢复过来需要时间。你遭遇的所有问题并不是都有解决方案。有时候你的头脑也需要休息一下。如果你的脚踝扭伤了，那么，你就会决定不用受伤的脚走路。同样地，我的精神分裂也是功能性的，它是在提醒我让我的头脑休息一会儿。不要逼迫自己的头脑，不要再逼迫自己，一次只做一件事。

9. 选择做对你有利的事

自残者经常将自残当成应对袭击的一种机制，那为什么现在不用呢？因为这种方法是对我有伤害的，是不可取的，但当时我并没有别的办法。我只能依靠我所知道的办法行事，我需要放松。

受到伤害之后，我也会用各种方式来进行自我安慰，但我发现，同一种方法并不总适合我。我总会想尽一切办法，以便重获对自己的掌控权。有时候我会想要测试，是否所有男人都令人难以忍受。这时，我的身体就变成了一份试金石，如果我让他们停止，他们就停止了，那么他们才算通过了测试。

10. 好心人也可能说错话

如果你要把你的经历告诉他人，那么除了要控制自己的情绪之外，你还应该控制听你的故事的人的情绪。那些最爱你的人听到你受到伤害的部分时，可能会出声抗议。他们可能会说出一些令你感到不好意思的话，或者虽然并不想指责你，但却说了暗含指责你的话，即便是一句简单的“下次要小心点儿”，也暗示着这一开始就是你的错。

重要的是，要记住，无论走到哪里，每个人都有自己的责任和负担要承担。当你跟他们说故事时，他们会以他们自己的经历去理解你说的内容，有时候，他们就会做出不恰当的反应。

有时候，我担心我的“界限”是固定不变的，那样我就永远不会相信别人，永远推不倒自己的心理防线，但随后我会记起来，这种“界限”并不是切实存在的，它不是真正的

铜墙铁壁，如果你愿意，如果你做好了准备去改变，它其实是灵活多变的。只要你觉得舒服，你可以将这“界限”无限放大或缩小。它们的存在能让你与他人保持安全的距离，你选择让谁进入你的“界限”，谁就可以在其中畅通无阻，你不让谁进入，那无论如何对方都无法踏入一步。你能够掌控这“界限”，无论何时，只要你想要改变，你就能够改变，你的“界限”完全属于你。

第7章

当你失业时，请记住

将所有的故事都锁在心里，掩藏起来，这样很不好，这一点我从小就知道。我被人欺负了之后，就会把所有的恼怒都存放在心里，独自一人坐在房间里消化，我的愤怒无法排解。我讨厌那些欺负我的人，但我并没有采取行动去化解，反而将怒火都存在心里，后来，这怒火就烧伤了我自己，我就认为："那是你的错，他们是对的。你是个蠢货。"

这种沉默和将一切都埋在心里的个性也渗透了我的职场生活，任务堆成一堆，别人都认为我表现很好，因为我每天都坐在办公桌旁，跟每个经过我身边的人打招呼。然而事实上，可能早上醒来的时候，我心里都是乱糟糟的。我不想去上班，我认为我做不了工作，我并不适合做那些工作。我试图将我的工作划成几个小部分，但到了午餐时，我什么工作也没有完成，只顾着听同事们闲聊去了。某位经理过来查看我的工作状况时，我回复说"一切正常"，但同时，我觉得整个办公室都在旋转，我确信，那位经理的头也在渐渐地脱离她的身体，一切确实很糟。

我在 Buzzfeed 当社交媒体编辑时，某天上午我的心理疾病发作了，我的压力和疲惫感达到了顶峰，我没有要求帮助，没有寻医问药，也没有强打精神过日子，我的心灵和身体都说“够了！”。它们合作扰乱了我的生活。

那天早上醒的时候，我的症状就很明显，所以我没有去上班，我去不了。我已经变得浑浑噩噩了，周围发生的一切，我都没有了感觉，眨眼、呼吸、思考，我都不知道是为了什么，我没办法控制自己。

我躺在羽绒被上，以为只过了几分钟，但事实上却躺了几个小时，我一动不动地躺在那里。在我脑海里，时间过得很慢，然而在现实中，一切都在照常运转。我的上司因为我没去上班而很焦急，而且，他们还报了警，接着，警察也到了我家。我的家人们受到了传唤，我的前男友也受到了传唤。在我独自躺在床上努力屏住呼吸的时候，我身边的人则乱成一团。后来，我深深呼吸了一次，坐了起来看手机，当时已经下午 3 点了，太迟了。我没有去工作，我的确乱了心神。

如你们所料，这次翘班的后果很糟糕。我并没有抓住机会诚实地交代，我选择了平常经常做的那样：保持沉默，粉饰太平。我抱怨说，我前一天晚上食物中毒了，而且我感觉非常累，可没有人相信我。我编造了一个又一个谎言，这造成的危害比我开始想象的要大得多。

事态升级，变得更糟糕了之后，我想去告诉我在 Buzzfeed 的上司，向他们哭诉说。但我去见上司的时候，我的皮肤发红，满身伤疤，我的双手在颤抖，我本来是想好了我要说的内容，但我眼里泛起了泪花，根本没有说清楚。这时候，我本来是想“噢，如果我早点儿告诉他们该多好”，但当时我完全沉浸在悲伤之中，根本没有考虑自己究竟说了什么，只感觉自己没法不伤心难过。后来，他们告诉我，中午到了，先去吃饭，我很积极地跑了回去，在生活区附近散了会儿步，希望能想清楚接下来该怎么办。渐渐地，我离办公楼越来越远了，但过了午休的时间，我就必须回去。一大群人出来抽烟了，我只好去寻找另一个安静一点儿的地方。我总是在想着自残，连我自己都控制不住自己。

我深呼吸一下，努力让头脑中的另一部分掌控全局，这部分更加柔软，我也在逐渐地掌控它。我现在就像在玩更高级别的电视游戏，我没有再想着自残，而是在想着寻求帮助，我需要去看医生。我给家里发了一条短信，说我不能回来，然后就去看医生了，我的声音都不像从我喉咙里发出来的，我说我担心会自残。我以前曾因为自残去看过医生，我对自己都不放心。

我感觉我都不是我自己了，我只是行尸走肉，将我自己交付给他人照顾，医生看了看我的情况，将我转送到了心理健康科，傍晚才放我出来。医院急诊室的床位不够，所以我跟他们保证我不会再伤害自己。我朋友的家就在那附近，我可以去那儿住一晚。医生们让我休息到下周再去上班，而第二天我会再去见我的心理咨询师，老实说，这会儿我也很累了，根本无力去做自残的举动。

下一周，我就满怀愧疚地返回了工作岗位。为了感谢那些关心我的同事对我的照顾，我公开了真相：因为我没有好好照顾自己，所以我的心理健康状况很糟，而且工作也没有做好。我没有被解雇，只是受到了公司的警告，最后，我的上司甚至采取了相应的措施，来确定所有员工的心理健康状况，但其他人的状况显然比我好得多了。

我还能保住自己的工作，我本应感到庆幸，但我仍然觉得非常羞愧。这时候，去上班似乎比以前更难。我感觉被人贴上了“不正常”的标签，我担心会让所有人失望。令我惊讶的是，我重新去上班之后，某天下班回家的时候，一个职位比我高的同事问我是否有空跟他一起出去吃饭。他是个很机灵也很有才华的作者和编辑，我平常就很敬仰他。他一头乌发，留着胡须，总是带着一把精致的伞和一本我也曾想好好读一读的书。我知道，他当时（当然，现在也仍然是该医院的主管）主管一家医疗机构，专门帮助媒体工作者们对抗躁郁症。我曾经在酒吧喝酒的时候跟他大概地说了一下我的病情，我想，他当时应该从我的玩笑话里听出，我需要帮助。

我们去了牛津广场附近的一家韩国餐馆，我努力装出一副高兴的样子，感激他职位这么高的人居然愿意带我出来吃午饭。我本来想要问问他当时正在忙的专题报道以及他在职场中的优秀表现等，我本来不想谈论我做过的蠢事，我本来不想把这一次聊天当作我自己的主场独白，不想向他感叹我把自己的事业弄得多么糟，但我吃了一口泡菜，就什么都说了出来。他仔细听着，说了两句我永远都忘不了的话。

1. **这只是一份工作。**“是的，你把一切弄得很糟。”他说，“但说到底这只是一份工作，你还可以找到新的工作。”我知道这一点听上去非常简单，但是我的生活就跟这份工作息息相关，这也让我对自己有了新的认识，要是没有这份工作，我甚至都不知道我是谁。如果我被解雇了，那我该怎么还房贷？我该吃什么？我还能做点儿什么？

2. **你应该成为你自己的支持者。**“你应该多关心关心自己，如果连你自己都不关心自己，那别人更不会来关心你。”

如果你的心理疾病已经影响到了你的日常生活，那么你不仅要清扫这种疾病在你的生活中扬起的“灰尘”，你还要将你的生活打扫干净，要为自己辩护，要告诉所有人，这不是你的错。如果你需要帮助，你就应该从“自我”中走出来，寻求帮助。你需要去各种不同的心理健康咨询中心，你必须去约见医生。如果他们的班都排满了，不要放弃，再换别人，换另一家机构。你必须坚持，这很重要。我了解这一点，但我还是希望有别人来拯救我。我希望在我状况非常糟糕的时候，有人会替我打电话，会为我准备好一切，但当时我已经跟很多人断了联系，当时，我就只是一个人，我必须让自己好起来。

自那次午饭之后，**我努力成为自己的支持者**。如果我抑郁症发作了，需要休假一天，那我会直接提出请假。如果我需要去医生那里取西酞普兰，我会给他们打电话，如果他们忙，我会再打一次电话。我安排了另一项心理评估，因为无法确定问题在哪。重新做评估是很令人头疼的，但我还是做了，我必须这么做。

刚刚开始工作时，你很难弄清楚该透露多少关于你的心理健康的信息。考虑到现在的就业市场如此糟糕，所以我对于能拥有一份工作很感激，这对我来说很重要，所以我宁可什么都不说。

然而，心理健康问题并没有把我的工作弄得一团糟。根据《残疾人法案》，有很多条件都可以免遭职业歧视。该法案并不是要告诉你，你并不正常，或者不够优秀，不能跟团队一起工作，而是在你担心自己的心理健康可能会让你失去工作时，可用于保护你的工具。

在比较吵闹的场合很难调整自己的心理状态。然而，过去，我没有因为感冒而请假过，我曾经多次拖着病体去上班。我只有真正了解自己的状况，才能够更好地把握自己的工作。我列出了我希望通过工作获得的东西，我要的并不多。我周三早上必须早点儿离开家，这样我就能去进行咨询治疗，如果我的焦虑症或强迫症发作了，我就只能待在家工作了。你的要求越详尽，你的理由越充分，越好。例如，药物治疗会让我觉得疲惫不堪，所以工作从上午 10 点到下午 6 点比上午 9 点到下午 5 点对我来说更合适，因为这样的话，在开始一天的生活之前，我就能够确保头脑清醒。我曾经在开放式办公室工作过，在这样的办公室里，即便是最理性的人都会感到一丝焦虑，因此我很喜欢去更安静的房间（通常是一间空的会议室），这样我就能更自如地进行工作，这样，我的头脑就不会一片混乱了。

还有一些工作地点也能够调整自己的心态，刚入职 BBC（英国广播公司）时，我很惊讶地发现，那里居然到处都有关注心理健康的海报和传单，而且还有心理健康咨询热线等，你可以跟这么多人倾诉你的遭遇。这也让我更容易调整好自己的心态与我的上司打交道。我见过这样的老板，我也知道总有这样的老板，他们罔顾你的状况，让你感觉自己是公司的负担，甚至总是拒绝为你提供你需要的东西。遇到这种状况，我们就要对自己说：嘿，伙计，放弃吧！你无须为这种人工作。不过，不是每个人都有特权说放弃工作就放弃工作的。通常，你都必须坐在办公室里，微笑着承受着工作压力，希望回家的时候能够去哪里再找份工作。

无论是工作团队还是国家心理健康咨询机构，都能够给予你必要的放松和疏导。不要让你的工作把你变得更混乱，要利用你能够利用的东西。你可不是拖累，不是负担。

你应该自己决定什么时候把你的心理健康状况告诉你的上司，但按我的经验来看，越早越好。如果你一直等到发生了状况，遇到了危机才公开，那你可能想说都说不清楚了。你可能会带上自己的情绪，而这会让情况变得更加复杂，你的上司可能也会想："他为什么之前不告诉我呢？"

当然，一旦心理疾病发作，你可以以各种可行的方式进行防范，但有时候你不可避免地会遇到一些问题，例如，你不能一直坐在会议室里不出去，无论从心理还是从现实考虑，你不能总是坐在房间里不动。

工作时，如果我突然不明缘由地心情沮丧，不想去工作，我会按照如下方式处理应对。

- 走出去，在办公楼附近重重地跺脚，不要穿外套出门，这样你就能感受到一丝凉意，在风中大声喊叫。
- 如果你哭了，不要向别人道歉，你当然可以哭，可以发泄情绪，这样没什么不对的。
- 去残疾人用的卫生间（但要确保你不会阻碍真正需要上厕所的人，因为这样不好），在地板上保持婴儿睡姿，往脸上盖一件带帽的夹克，假装你不在卫生间里。
- 快速地往空中重捶几次，紧握拳头，不断地在空中捶击。
- 下班后让自己做一点儿有意思的事情，这样你就会发现，通过做一些有意思的事，你能够排解掉自己消极的情绪。
- 在网上找找你以后可以入职的新的工作岗位，或者提醒自己，你丢掉的只是一份工作，你还可以再找别的工作，这样没什么不好的。

- 走到办公桌前，戴好耳机，听一曲《我会坚强》（*I Will Survive*），然后继续当天的工作。
- 第二天穿着西服套装来上班，像职场女王一样有气场。

第 8 章

当你独处时，请记住

当工作和外部的世界让我觉得难以承受时，我就会选择独处，而不是与他人共处。独处就像温暖的浴缸，我很喜欢一个人在浴缸里静坐好几个小时，把整个身子浸泡在温热的水里。唯一的问题是，虽然我很喜欢泡澡，但我还是纠结要不要去。泡澡只是让你将身体的污秽洗去，你独自一人，洗去你身体的污秽，没人能进去打扰你。

孤独感就不一样了，孤独感并不是指一个人占据一个空间，没有其他人陪伴那么简单，它有多层的含义，很复杂。我可以一个人待在家里一周，充分享受慵懒的闲适自在，不清扫房间，大声歌唱，但突然，孤独感如石头一般砸过来，堆积成山，直到心再也承受不住压迫，徒留一地碎屑。

有时候，孤独感会让我觉得难受，这感觉就像阴影一样笼罩在我身上，黑沉沉的，让人觉得压抑。有时候，自己会强加孤独感给自己，用以自保。人们在失恋或是深爱的人死去时，就会有这种感受。悲伤难过的时候，别人的接近似乎都令人无法忍受。你将自己放在了自制的“硬壳”里，这会让你觉得放松，因为“硬壳”之外的世界变化比你自己的变化要快得多。无论有多少人向你伸出了手，希望拉你一把，你都是孤独的。你不能像递烟给人抽那样，将你的悲伤难过转给其他人，这种难过的感觉，你只能自己体会。

你要给自己留出一定的空间，让自己重新快乐起来，因为用孤独来进行自我惩罚是很危险的，那样的话，你就是自己给自己下绊子了。在学生时代，我经常给自己设定“界限”，既不参加学生会或社团活动，也不跟朋友们去酒吧玩，因为我认为没有人会喜欢我，怎么会有人喜欢我呢？我令人觉得乏味，又不机灵，而且性格内向，没有活力。我怎么会让人接近自己呢？即便是有人真心待我，我也从未努力握住友谊的橄榄枝。要让我抓住机会结识朋友，真的很不容易，因为我总认为：“是的，无论如何，他们可能都会讨厌我的。”

而且，我还总是担心跟他人交朋友就会让我受到约束。如果他们总想约我见面，那该怎么办？如果他们让我去夜总会或者吸毒贩毒，那又该怎么办？如果他们要留宿在我家怎么办？如果我不能满足他们的要求怎么办？如果他们做什么都要带上我怎么办？如果你把跟人交朋友这么简单的事想得如此复杂，那可不是什么好事。为什么要想那么多？躺到床上好好休息一下吧，交个朋友而已，没那么复杂。

抑郁症和焦虑症总会让人觉得孤独，你只能独自一人待着，无处可去。这种孤独感不只是丝丝缕缕，也不是被动地出现。相反地，它会朝你大吼大叫，无论你去哪里，它都会对你咬牙切齿，毫不客气，即便你身边有一群人在关心你，你也会觉得，他们跟你毫无关系。这种感觉对我而言就像本能一样，让我觉得我好像一点儿也不重要了。我感觉自己在一点点地消失。其他人的靠近似乎只证明了我的人生是空洞无意义的。乘坐地铁时，听到十几岁的少女在身旁叽叽喳喳地笑闹，我感觉很嫉妒。看到那些酒吧侍者在交接班的时候相互开着玩笑，我竟然会希望自己也加入他们之中。我为什么没有像他们那样生活？我为什么不跟任何人交朋友？

成长过程中，我之所以总是觉得孤独，另一个原因是我最重要的人际关系都在网上。14 岁时，我就不再结交现实生活中的朋友，而是上各种论坛结识各路网友，而这些论坛也

都是那些自毁人生的人公布他们生活细节的地方（以后论坛上，这种人只会多不会少）。

对我来说，这样的友谊就像现实一样真实。我们在网上分享生活中的隐私，分享我们吃的食物，分享我们听过的乐曲，以及当天让我们烦恼的人和事。我们共享风花雪月的诗篇，为他人提供必要的帮助。对我来说，这样的人际关系为我的生活打开了一扇新的窗户：这里有很多我要去联系的人。然而，网络却无法让我在真实的世界里延续这些人际关系，例如，上学时，整天都忙着上课和做作业，根本无法约见网友，所以我只能放学回家后跑到电脑前，跟那些远在千里之外，又比我年长十多岁的女人聊天。中午不能回家的时候，我就会去学校的阅览室，借用电脑上网。

现在，我不再在网上交友了。20 岁时，我关闭了我的论坛账号。我仍然喜欢上网交友，不过对我来说，建立真实的人际关系更加重要。网络论坛成了我用以避开现实世界的工具。我没有一大群结伴的朋友，但生活中有很多我愿意单独会面的好友。我跟他们分享我的所有，我信任他们，他们帮助我在人生旅途中获得进步。

对我来说，孤独是一把双刃剑，它并不只是令人沮丧的、灰暗的。我个性内向，所以我总是渴望有空间思考自己的事情。我喜欢尽情思考，我喜欢大声说话，我喜欢不跟其他人说话。**孤独最让我感到开心的是，如果我想回到“现实世界”，我还是可以选择跟人约会，无论是通过打电话还是私下见面，**都可以。**孤独不会吞噬掉我，孤独总有终止的时候，电话总会有人接的。**

我孤单的最佳状态是需要先做一点儿准备的，我会先把房间收拾得干净整洁，家里要有足够的咖啡，我会卸掉所有的妆，我的床单、被子和地毯都要清洗干净，不会穿着沾有番茄酱的睡衣在乱糟糟的床上打滚儿，我会把自己像新生婴儿一样捆绑好，一切都是整洁干净的，而我，就自在地享受这独处的时光。

我也知道一个人的时候我要做些什么。一个人的时光并不像在沙漠中行走，看不到生机，我知道我想做什么，我知道我想读什么书，想听什么音乐。这些活动可以是毫无意义的，我可能会去 Ins 上找新的朋友，或者是制作一份有钱的时候想要去买的各种鞋子的清单。一个人的时候，我尽量不批评自己。

我喜欢去买些能吃吃喝喝的东西。重要的是，现在我一个人的时候，再也不会像年少时父母不在的时候那样去自残了。过去，一个人的时候，我总是像个邪恶的教授一样，用自己的身体做各种带有伤害性的实验。我会绝食，看看自己到底能坚持多久不吃东西，我会猛喝孟买蓝宝石酒，看看自己喝到多少瓶会呕吐。

现在，虽然偶尔也会有要自残的想法出现，但我一个人的时候还是能够控制住自己的。我的室友们说去郊外玩，或者和男朋友晚上单独出去的时候，我的第一反应就是：“你可以随意吸烟，你至少能喝两瓶酒。”但是我必须控制住自己的这些冲动，我不能在这时候偷偷做什么。其他人不是我的敌人，我的敌人是我自己。现在，我每天都在证明我能够照顾好自己，我可以活得健康快乐，而不会过得寂寞迷惘。

独处的时候，我不会刻意地沉思、冥想，但会做一些我认为可以边做边沉思的活动，如涂鸦、弹琴，在我的笔记本上做摘录笔记，整理图书，做远足规划，用美颜相机拍照。我个性内向，所以不跟他人相处的时候，我都会给自己充电。圣诞狂欢或其他大型社交活动之后，我会需要一段时间独处，其间不跟任何人来往，这时候我感觉像用清洁剂清洗自己的头脑一样，清洗掉跟人相处时的压力。我会感觉很放松，我的骨头会变得柔韧，肌肉也会软化，就像重生了一样。

一个人的时候，我就有空整理我的思绪，就像在重新堆积倒塌的积木一样，这让我将自己的身体和思想重新联系起来，把我的“直觉”调回来。我跟一群人聚会的时候，我总是扮演逗乐别人的角色，配合着做他们想做的事。我并不太介意这一点，这只是意味着，我将我的本能掩藏了起来，直到根本听不到。

独处能让我倾听自己心灵和身体的声音，它让我停下脚步，审视自己，除了我自己，我无须取悦任何人。

独自在家是一回事，独自外出去某地又是另一回事。在外面的时候，没有什么干净的衣服、被子可以盖住自己，但我还是很享受。我喜欢漫无目的地散步，随时随地，走到哪儿算哪儿，可能是某公园，也可能是某艺展。这时候，我都会放慢脚步，不像上班时那么匆忙，把包扔得到处都是。

相比独自待在让你觉得舒服的地方，我强烈推荐你出去玩。女性杂志上就经常推荐这样做，虽然听起来不过如此，但我是真心的。电影院就很不错，你可以藏身在黑暗里，浪漫的晚餐可能更有诱惑力，而且也很棒。我就喜欢独自去餐厅，我喜欢不急不慢地想事情，我喜欢只为自己点餐，我喜欢不必应酬的闲适自在，不用担心别人打电话扰乱自己的心情。我不用面对别人的招呼和问话，也就不会那么紧张，我为我自己而存在，我独自一人，没有任何压力和负担。

我独自去过很多地方：麦当劳、浪漫的法式餐厅、路边的小饭馆、加油站附近的咖啡屋、无处不在的酒吧、运动酒吧、国外的荷兰酒吧等等，各种各样的酒吧都去过。

无论你是跟我一样喜欢去麦当劳，还是什么高档餐厅，以下的这些策略可能对你有用。

- 不要担心那些盯着你看的人。从整体上而言，人们都把自己封锁在自己的生活中，不会主动去关心他人。即便是我遇到了独自吃饭的人，我也不会去想他们是不是难过伤心，我对他们的唯一态度是，我羡慕他们。
- 如果你担心自己太过引人注目，那就去某个角落里自己待着，不要停在引人注目的地方。我就喜欢坐在窗口，既不耽误欣赏风景，也不会觉得压抑。

- 带上书、报纸或其他休闲用品，你的餐桌旁不会有人说你无礼。我曾经在一家“比萨快送”（餐饮连锁店）里看到一个家伙，自己一个人一边喝着酒，吃着面饼，一边用笔记本电脑看《火线》，真是好享受！

- 带一个笔记本。我独自吃东西的时候，喜欢记一点儿笔记，我记录的并不是什么重要的内容，只是一些对周围人的观察，或者是与我写的作品有关的一点儿灵感。给自己留一点儿空间，一边吃别人做好的食物，一边创作，这样的生活真美好！
- “偷听”别人说话。一个人吃饭的时候，最适合

“偷听”别人聊天了。你可能会听到别人说起令人脸红的第一次约会，可能会听到同事们一起说上司的坏话，或者两位朋友在吵架之后重归于好等。

- 除了“偷听”别人的话，你还可以尽情观察别人。在荷兰人的生活中，阳台是很稀松平常的，大部分酒吧和餐厅都有一个独立的部分，那里的座椅是面对着大街的。在那里，你可以看到街上的人们或步行，或骑自行车经过。如果可以，选一个阳台，在那里坐几个小时。
- 关注你吃的东西。点一些有味道的食物，如意大利面、苦咖啡、醇香的红酒等。用舌头品味，用牙齿细细咀嚼，尽情享受自己点的美食。
- 不要刻意跟人交谈。在我看来，英国的酒吧最好的地方就在于，吧台的侍者极少跟人聊天。他们至多会问问我在读什么书，或者要不要再来一杯酒。我自己在纽约的时候，去酒吧通常都会带着一本书，酒吧侍者们则自顾自地闲聊，他们有的人看起来风度翩翩，说的故事也很有意思；有的人则会跟我说他们喜欢的足球队，或者问问我对他们那儿的饮品的意见。我已经学会了对别人的搭讪置之不理，学会了置若罔闻。低下头看书一点儿问题也没有，以前大多数情况下，我都是相当礼貌的，而现在，我不想再计较那么多。如果我读书的时候，你跟我说我选的白葡萄酒是未经提炼的，那你还是闭上嘴吧。

- 如果你不想去餐厅，你也可以去参与别的小型活动，然后在那里做你喜欢的休闲活动。离开家，去远方，时间长一点儿也没关系，只要你做好准备即可，走出去探险吧。

在我的心理状况很糟糕时，我决定暂时离开伦敦，出去旅游，我买到了“欧洲之星”（运行于伦敦和巴黎、伦敦和布鲁塞尔之间的高速火车）的车票，去了巴黎拉雪兹公墓附近的一家爱彼迎旅馆（一个房屋租赁网站，为近年流行的一种打破连锁酒店隔阂，将旅途中人与人的温情互动囊括到旅行经历之中的旅行方式创造了平台），每晚的价格为 20 欧元。不幸的是，这次旅行并不愉快。我是在英国脱欧公投之后的那天早上乘车去巴黎的，前一天晚上我一直在浏览《卫报》的 Live 博客，我根本没有想到公投的民众大部分都支持脱欧。听到公投结果的时候，我顿时觉得心一沉，不过我没有时间失望，一个小时后，我就要去圣潘克拉斯火车站赶火车了。

我想要离开了，不过我一点儿精神也没有。五年前，我离开了荷兰，放弃了在荷兰的工作，来英国进修，并开创了自己的人生。渐渐地，我习惯了英国的康瓦尔郡菜肉烘饼，喜欢上了英国的电视剧，也爱上了把饼干泡在茶里吃，我已经把英国当成了自己的祖国，然而我决定定居的国家却不让我居住了，英国在排斥我。从理智上而言，我知道我不能把这当成针对我个人的行为，我知道受到英国脱欧影响的人不止我一个，但我感觉我的支柱像被人撤走了一样。我转发了很多跟我有同样感受的人在推特网上发表的言论，但这就像隔靴搔痒一样，一点儿作用也没有。我想跟别人讨论脱欧的事情，向人倾诉我的情绪，然而，车上的乘客们谈论这次公投就像在说别的国家发生的事一样。我无奈地躺在座位上，试图让自己小睡一下。

经过布鲁塞尔时，一位眼睛淡褐色、双臂强壮的男士坐在我身旁的空座位上。我本来希望这次旅途在日出前结束，我是个活泼好动的年轻女人，我希望在旅途中会遇到一个迷人而理性的男士，我们将在欧洲各大城市好好游玩一番（或者按我的行程安排，我们只要去巴黎玩玩就够了）。邻座的那位男士就将是我自导自演的戏的男主角。我很想弄出点儿什么故事来，于是我保持坐姿端正，努力控制着，不让自己流口水。我的男主角在朝我微笑，我的心怦怦直跳。故事就这样上演了。

于是，我又躺下睡觉，到了巴黎才醒来。从“欧洲之星”列车停靠的巴黎北站出来时，我疲惫不堪，这时，我还发现，我根本没有买袜子和除臭剂，而且我的手机连不上 Wi－Fi，也没法上网去拍，此外，我订的是一家家庭旅馆，但因为没有记下家庭旅馆的地址，不知道怎么找到旅馆，所以我很自责。

我去了三家不同的咖啡屋，正当我想放弃，准备回英国时，我的手机在某地又连上了公共 Wi - Fi，我坐了下来，点了两杯卡布奇诺，然后核对我订的旅馆的地址，我当时所在的地方跟那家旅馆相隔不远。我做得很不错，“你顺利抵达了目的地，”我告诉自己，像一个不自信的啦啦队队员一样，“你可以独自旅行了。”

房主在门口的地毯下留了一把钥匙，我用钥匙打开门，进了公寓。房间很小，但一切具备：一个火炉，厕所，桌椅和一张折叠床。我有点儿遗憾没能见到房主，这让我觉得自己是寄居在房主那儿的孤魂野鬼，所以我想，在接下来三天的独居生活开始之前，我应该向房主问问当地的情况，看看有哪些可以逛可以玩的地方。

我开始整理折叠床，在床上睡了一小会儿，醒来之后才想到，我现在是在巴黎，我可不能浪费了这段时光。我乘坐地铁去了巴黎北区的蒙马特，想在那里找一家安静的咖啡屋。找到咖啡屋后，我进去喝了三杯卡布奇诺，然后出来抽烟，后来我摆脱了刚睡醒时还没退去的睡意，完全清醒过来，继续散步。我又去了圣心堂教堂，在那里，我遇到了一位疲惫不堪的父亲，他就像拖着土豆一样拖着三个孩子，走过来问我：“我想带孩子们去教堂里看看，所以能不能帮我买一张门票？”我跟他撒了谎，说我没钱，因为我觉得他和他的孩子都需要休息。

回旅馆的路上，我看见了一个朋友曾经推荐我去用餐的餐厅，不过那家餐厅太过奢侈了，不适合我一个人进去吃。

那时候，我也不像现在这样，那么喜欢单独吃饭。去那里吃饭的人大都衣着光鲜，引人注目，而且跟他们聊天的也都是谈吐不凡的人。我去了那家餐厅旁边的另一家餐厅，看起来装扮并不奢华，反而透着一种令人感到舒服的氛围。我点了一份沙拉，因为这是那里的菜单上我唯一能够点的食物。

很快，我就发现，在外国的餐厅里单独吃饭是一件很奇怪的事情：别人说的话你听不懂，你就像待在一个泡沫里，你和周围的所有人都无法用语言沟通。我可没有去分辨那些法国人在说什么，只是一边吃着沙拉，一边读书。

我从餐厅步行回旅馆，用时一个半小时，途中我买了烟、酒和三包健达奇趣蛋。在回旅馆的路上就喝掉了一大部分酒，刚到旅馆，我就把酒瓶里所剩不多的酒喝完，然后一头倒在了床上。我感觉很孤独，独自在房间里流着眼泪，这才过了一天，我就过不下去了。

我打开笔记本电脑，浏览脸书，不过我喝多了酒，根本看不进去什么东西。在屏幕的一侧，我看到我前男友上线了，照片下面那个绿色的小圈圈就意味着他在线。当时我们已经分手一个月了，我们平常也就是交流交流近况，讨论我们以前分期付款的房租该谁来支付。这种事情聊起来很麻烦，我们根本不可能去问对方过得好不好，我们的沟通都是有目的的。

我因为喝了酒头晕晕乎乎的，只是简单地跟前男友说了声“嗨”，等着他回复，脸书显示“对方正在输入”，但对话框里什么回复也没有。“他应该还在考虑要说什么，这样就很好！”我幼稚地想。

“如有打扰，还请原谅，我只想知道，你最近还好吗？”我快速地输入了这个信息，担心他不会再回复我，害怕我会永远失去他。

他回复说过得还不错，又问我好不好。“我很好，”我回复，“我现在在巴黎，完全没有受到公投的影响。”他说，“好好照顾自己。”这听起来像是命令，而不是关怀。他知道我想要摆脱自残的习惯，知道了我现在独自在国外，心情并不是很愉快。我也隐隐感觉他不想跟我多说，不过我喝了太多酒，心里很绝望，根本不想停下来。我把近期的经历都输入了小小的对话框中：“嘿，嗯，我知道这听起来很奇怪，但这跟我们不再见面不一样。他们，嗯，很多医生都说我应该有躁郁症。”

他一开始什么都没回复，然后又说：“啊，好的，哇。”

我继续解释了一下，说我在关系结束时做出的古怪行为对我来说不是突然发生的，这可能意味着我的头脑中的某些神经不正常。也许我需要去就医，也许我们的关系还能够挽救。

我随后发过去的信息，就像要用意大利面把两面墙粘合起来一样。我很希望他能够回心转意，我不能失去他，但无论我说什么，他都只简短地嗯嗯啊啊应付过去了。最后，他说他要离线了，我就说：“我不想打扰你，你应该过你自己的人生。”

我狠狠地关闭了笔记本电脑，空洞地盯着面前的一堆跟我的脸差不多大的灰尘。我怎么这么感伤啊？我在前男友面前就像个天真的孩子，我让他心烦，我把我的心理健康问题都告诉了他。我没有别人可以倾诉，但这并不意味着我就应该逼迫他再接受我。我把自己的生活弄得一团糟，我感觉自己想哭，孤独感加着一股浓浓的挫败感涌上心头。我将跟我最亲密的人推开，我独自一人待在旅馆的房间里哭泣，既浪费钱也浪费时间。

我带着这种自艾自怜的心情睡着了。醒过来的时候，我感觉头晕目眩，而且前一天晚上跟前男友沟通失败，就像遭遇了雪崩一样，让我很没有精神。“真困，”我想，“今天可不能出去了。”我感觉我根本就不该来巴黎，这里很美，而我现在所处的地方，因为我心情不好自然也觉得很糟糕了。我闭上双眼，希望打个盹以后感觉会好一些，然而再次睁眼后，我发现，我又睡了七个小时。真该死，这一天都被我浪费掉了。

我的手机上来了新信息，原来是我妹妹发来的我们都很喜欢的一位法国演员路易・加瑞尔的照片，另附一个问题：你有没有遇上英俊的法国男人啊？我回复说我过得并不好，我睡了一整天，前一天晚上喝醉了，在脸书上联系了我的前男友，说了很多不该说的废话。她回道：“噢，不！把你的地址发给我。”她说她在我住宿的地方开了三家酒吧，还说我不应该再去住旅馆了。我本来是不想退房的，不过她却坚持要我退房。

毕竟，她说的没错，我现在还有一点儿时间，我还能做点儿什么呢？我回旅馆洗掉了脸上留下的睫毛膏痕迹，然后就赶往离旅馆最近的一家酒吧。

这家酒吧很时髦，我很喜欢。我选择了一个座位坐下，一边抱怨我妹妹，居然逼我到这种地方来，酒吧里还有一个很迷人的女人，独自一人坐在那边。她就像影视剧《欲望都市》里的女主角。我看了看自己穿的连帽夹克，普利马克裙子，肮脏的运动鞋，不禁为自己出门前没好好化妆而责备起自己来。一个穿着粗呢外套的英俊男士走到了那个女士身边，他们坐在餐桌旁激吻起来。我觉得我少了一个同伴，而且是很优雅、很有魅力的同伴。此刻我成了酒吧里唯一的一个单身女性。我点了一杯苹果肉桂马提尼酒，然后拿出了自己带的书，读了起来。我完全沉浸在书里，当我再次抬头的时候，已经是一个小时之后了，而且并没有什么难受的感觉，我感觉很不错。

我回到旅馆，没有再上网聊天，睡了一晚上。第二天，我更新了“声破天”APP 里的音乐播放列表，决定随便散散步。我根据谷歌地图的提示，在外面逛了近一个小时。我拍了很多照片。我一边吃着羊角面包，一边随着耳机里播放出来的菲欧娜·艾博的歌声唱歌。我感觉自己就像在拍电影一样，不过我拍的是填充片，不是推动故事情节的短片。

后来，经过著名的拉雪兹公墓时，我脚走得很痛。因为我以前去过那里，所以这一次我并没有急着去找奥斯卡·王尔德、吉姆·莫里森的墓碑，而是随意地散步，而且这次是那几个月里我最为轻松的一段时间。我不再疯狂地想要跟别人沟通，我不再觉得孤独。我觉得很安心，我可以随心所欲，想做什么就做什么。

回到英国后，我还有很多麻烦事要面对，但我已经学会了上述的那种散步方式。毫无目的地散步，这让我有机会观赏到伦敦城里很多美景，如沼泽湿地、山川丘壑，各种动物，以及薰衣草花田等。我还去了英国别的地方，在黑斯廷斯和埃塞克斯远足过，也在南部海岸的沙滩上漫步过。我知道我不是好惹麻烦的人，我没有什么问题，我越放得开，旅途中的表现就越好。我学会了不在别的地方找朋友，而是开始将我内心里的小碎片联系起来，把自己完全地表现出来。

以下是我通过独自旅行学到的经验。

- 确定你的旅游风格，并坚持。独自旅行或跟同伴一起旅行，我会先对目的地进行一番调查，看看那里有什么我喜欢的风土人情。我以前的室友弗吉尼亚就热衷独自旅游，但她的风格跟我的可不一样。她总要带上足够的衣服，足够的外汇，以解决抵达目的地当晚的食宿问题。她还会提前买一本旅游手册，上飞机后阅读。这是她的旅行方式，她也把这方式当成了习惯。她去过尼泊尔、缅甸和墨西哥，喜欢新奇的事物。我最喜欢她这一点，不过我不是这种类型的旅客。

- 出去旅行之前，要做好充分的准备。想一想，在为之后的行程做准备的时候，你最担心的都是什么。办理签证、旅游保险，还是买一份当地的地图，以免像我一样，手机用不了的时候就成了“睁眼瞎”，辨不了方向和位置。
- 不要害怕跟人打交道。如果你想问路，或者是想找一家不错的餐厅吃饭，那就去问吧，如果感到紧张，就不要问太重要的问题，可以问别人最近的 ATM 在哪儿，或者问你的旅馆主人，最好的用餐地点在哪儿。
- 如果你想一个人而又不完全排斥他人，你就可以待在青年旅社、家庭旅馆或社区的集体宿舍里，你甚至可以去旅行社跟团，这样也能结识一起旅行的朋友。
- 各大社交平台都设有不同的群组，你可以加入旅友们的群组，这样你就能为抵达目的地之后的行程做准备（甚至可以计划旅友见面会）。
- 回家后跟朋友们相聚，让他们知道你仍未丧失热情，这样他们也会比较安心，知道有人在关心自己，你心里也会觉得开心。你在外旅游时，亲友们会担心你，那就提前跟他们约好联系的时间，如每隔一天的晚上 7 点，这样你就不用在不同的时区核对相应的时间，也不会在外出爬山的时候担心有电话接不到。

- 这一条可能看起来有点儿幼稚，但却适用于大部分人。如果身处某地会让你感到紧张，那么，你跟自己交流的时候可以用上“我们”这个词。你可以假设有一个看不见的伴侣在你身旁，可能是你的朋友，也可能是另一个你。用一个假想的“我们”，这会让你觉得你不是孤单一个人，会让你有安全感。我就经常说“我们”和“你”——这个“你”就代表着能够给予我鼓励和安慰的另一个自己。从巴黎回家途中，当我感到沮丧时，我就对自己说（有时候也会大声说出来）:“很棒，你做到了！”
- 做决定之前要仔细思考。如果你已经开始了单身旅程，你就要去独自一人体验这世界，但你也有必要保持警惕，如果你觉得没有安全感，那就不要出去。如果你想休息，那就去休息。如果你想去麦当劳吃一顿，而不只是当地的小咖啡屋，那就去吃吧。不要给自己施压，相信你的直觉，听从你的直觉：你真正想要做的究竟是什么？

第 9 章

当你上网时，请记住

不离开你的床还能旅行、探索世界的方式之一就是上网。在网上，你可以遇见各种不同的人，听到各种不同的声音和观点。网络也像一个大社区，你能够在这里找到一群支持者，优秀的网友会给你提中肯的建议和意见，但这里也是个鱼龙混杂的地方，有很多自吹自擂、自暴自弃之徒。

我不嫉妒现在的青少年，他们无论走到哪儿都离不开网络。在学校时，我因为上网曾遭到过嘲笑，为了躲避同学、朋友的嘲笑，我有时藏在健身房的厕所里，有时藏在楼梯下。最佳的逃避时间还是回到家的时候。回家后，没有言语和行为上的侵犯，我待在自己的房间里，没有人会来嘲笑我。现在有了社交媒体，欺凌、嘲笑他人的报道到处都有。你回家，登录上网，就能看到，全网都是这类的报道，你可以看到各种照片和视频，根本不可能让人有安全感。

即便你不会遭到别人的欺凌、嘲笑，但你还得面对各种各样的陷阱圈套。网上有各种文章、视频和照片等你去点开。

有关他人改正胡乱饮食习惯的故事报道对我就有这样的效果。我不关心现在那些自残者有多么健康，我关心的是他们曾经的状况有多糟。他们瘦骨嶙峋，甚至挂着输食管，这令人惊诧。这类报道的重点无关这些报道的主人公的幸福，而是引起读者心中的恐慌感。

上网必须审慎。每隔两天我都会上 YouTube 视频网，看视频看得不愿离开手机，我必须发信息给我男朋友，让他来救我——夺走我手里的手机。近期的某天，我熬过了白天之后，下班后去酒吧，在那里我待了三个小时，一直在看视频。酒吧的光线暗了下来，我也没太注意周遭的环境，当前播放的视频结束之后，我点击了“下一条”，我越来越心烦意乱。

最后离开酒吧的时候，我已经筋疲力尽了，全身僵硬，因为之前一直看视频，导致我眼角抽搐不止。这种状况我经历过不止一次。网络似乎是无限的，一旦开始看惊悚的视频，我就会继续下去，即便我会感到害怕，我也会继续看。即便我点击的视频上贴有警示标签，我也会点进去看个究竟。“不会那么可怕吧？”我会这样想——通常这类视频的确很可怕。

虽然我没有办法过滤掉所有无关紧要的新闻报道，但我还是能够分辨出那些能带给我心理冲击的内容。网络是一个大世界，但我知道有些小的陷阱是我需要避免的。

厌食者

网上有各种各样为热衷于某种怪癖的网友专设的网络社区，如 LiveJournal 和 Xanga，其中的大部分网友都是世界各地喜欢让自己挨饿的人。

厌食者和暴食者是指那些将饮食不规律当作一种生活方式，而不是具有损伤性的心理疾病的人。厌食者们相互倾诉各种瘦身秘诀，让彼此继续不规律地节食、吃喝，然后排泄。

13 岁时，我第一次加入厌食症群。我曾经在媒体上发表过一篇关于饮食失调及患这种疾病的女性患者的文章。巧合的是，我也曾创作过一部关于暴食症的时长 5 分钟的短剧。

在为这报道和短剧做调查的时候，我在 Xanga 和 LiveJournal 上看到了关于厌食者的报道。文章称，这样的论坛对年轻的女孩而言堪称一大威胁，应当被关闭。我以前从未听说过厌食者这个词，于是我不再看下去了，决定自己体验一下，我申请了网站的账号，随意起了个网名，然后进入了论坛。

现在回顾我在 LiveJournal 上发布的内容，根本就不像我发的。我曾试着复制厌食者的心态，接受这种心态，将它归为自己所有，这些我都做到了。厌食的女人很焦虑，很生气，没有安全感，而我也很开心体验了一把这样的感受。开始不规律地节食之前，我也很讨厌自己的身体，所以开始节食之后，我的确觉得得到了安慰。

体会这种感受让我有了目标，让我对自己的生活有了掌控感。网上的厌食者们每天都会给自己规定能量摄入量，坚持时间最长的就算“胜出”，胜出了之后，你赢得最多的是跟你一起比赛的人的崇拜，而对那些不适应现实社交生活的人而言，这种崇拜是最重要的。

刚开始接触网络时，我加入的群组都是以“厌食 X 核心”和“支持瘦身”等为名的，但现在已经被解散或者改名了，改后的名字也是类似“自我恢复”之类的。在群里，你需要发布体重数据，以及之前暴饮暴食和通便情况的记录等等。在我看来，这才是需要重点关注的内容。我潜伏在群里，看着群友们发布的这些资料，我深感钦佩，但我不愿意让那些瘦弱的少女“继续坚持下去”。有的群友甚至发布自己的裸体

照，等着网友们的评论："你的臀部再减一点儿肉就更好了""锁骨更凸出一点儿会更好看"，这些评论都是饮食不规律的人及关注他们的粉丝们说的。如今的社会，对女性身材的要求相当严苛。这些厌食者就是最好的监察员。

虽然厌食者群组让我避免了抑郁、孤独和毫无目标，但它也教会了我如何吝啬，如何对自己吝啬。我的日记里都是这样的内容："我真的很丑""我是个巫婆""我真的很蠢"，现在我仍然会跟自己说这样的话。

那时，在 LiveJournal 上，我的确交到了一些朋友。群里有一些年纪大一些的女人，把我当作她们的小妹妹，我们不再讨论各种食物和节食方案，她们甚至帮我做作业，给我推荐美国女作家和诗人西尔维娅·普拉斯、美国音乐人艾略特·史密斯和菲欧娜·艾波的作品。多亏了这些女网友的帮忙推荐，我发现了大量优秀的音乐和文学作品。

不幸的是，这些友情的维系是要付出代价的。我们可以给彼此发送励志歌曲，但我们却不能拯救彼此。如果我母亲或男朋友在身边，我就不能跟这些网友联系，但我又不能告诉网友们我究竟怎么了。别人不在线的时候，我们就会紧张担心。有的女人不在线是因为康复中心，有的是被踢出去了。有一次，我看到一个女士的一篇文章，记录她悲惨的生活。我现在每天仍然会想起那个女士，我不知道她的真实姓名，也不知道她的具体地址，更不知道她现在过得好不好。

这些群组的规模各不相同。我跟伦敦的第一位室友分享我的节食经历时，她告诉我，她少年时代也加入过类似的群。她在群里耗费的时间跟我一样长。我那时候很喜欢她，现在也仍然认为，她是我认识的女人中最优秀的女人之一，但是她并不这样看自己，也无法接受这样优秀的自己。她在网上发表的所有残酷的言论，都告诉她，她活该遭受自己创造的痛苦，她现在也仍然这样认为，认为自己毫无价值。

如果你让一群恐慌的、孤独的自残者聚在一起，就不要期待他们能够互帮互助，摆脱自残的习惯。

恶意评价

现在使用网络的成人，可能不认识在网上攻击你的人，但你却不可避免地会遭遇攻击。人们坐在黑暗的房间里，抢着把自己的个人日程发表在评论区里，把自己前面的人挤下去（即网络流行语“抢沙发”）。

一位名叫斯坦恩·艾克特的传播学教授做过一项调研，结果显示，在博客或其他社交网站上发表关于女权主义、家庭和孕产妇内容的女性账户中，有 73.4% 的账户会收到侮辱性的评论，会遭到跟踪、强奸、害命的威胁，以及其他实质性的迫害。

我曾经写过一篇文章，标题是《你不应来荷兰旅游的 21 个理由》。这种具有讽刺性的标题，在 Buzzfeed 上经常能看到。这种标题会引起人们的好奇心，他们点进去之后才发现，其实文章是讲述该地有多么漂亮、多么迷人的。这很简单，不是吗？事实上，我现在仍然会收到那些根本没点进去看的人发来的评论。他们在我的脸书、推特网账户上进行评论，甚至将评论发到了我的个人邮箱。他们说我是个巫婆，说真庆幸我没住在荷兰，说他们应该收走我的护照，还说我应该不是荷兰人。我曾经回复要求他们去读一读我写的内容，但现在我不会再这样回复了——因为即便这样回复了也没用。

最好的应对恶意评价的办法就是忽略它们，但这忽略看起来像你做出了让步或者藏起来了。像脸书和推特网这样的社交网站并没有保护用户免遭辱骂的措施，但是，你必须对给你发送恶意信息的人进行举报。

搜索引擎（Google）

搜索引擎对我的心理健康起到了负面的作用，这种说法其实是有失公允的——从整体上而言并不是这样的，但是，使用搜索引擎很容易让我患上疑病症（过度担忧自己的健康问题，通常集中于某些特定症状，如心脏或胃部不适）。用搜索引擎查询，我有时候觉得，我恶心是因为怀了一个用指甲做的鬼胎，有时候又怀疑自己有梅毒或脑膜炎，网站搜索让我陷入了绝望之中。

搜索引擎让我发现了各种焦虑症论坛，网友们在那里交流各自的焦虑症症状和其他心理疾病症状，这多少能带给我一丝安慰。虽然如此，但问题是，看到那些症状描述，我也会表现出那些症状来。我试图从他人同样的经历中找到安慰，然而，读到他们呼吸短促、头晕脑热的情节时，我的身体似乎也能感受到我读到的内容。

我认为这些论坛非常棒，但如果你是过度敏感的人，那你就要留意，不要被外界环境所影响，被大量的信息所淹没。

当被诊断出患有边缘性人格障碍时，我对这个诊断很满意，当时，我已经读这方面的资料有几年时间了。我有一个很棒的医生指导我读合适的书。我读过很多科学和心理学杂志，然而，不先了解清楚所患的病症就在搜索引擎上找治疗方案，你就会找到很多控诉性的、指责性的、不准确的文字报道。

当我的男朋友说，他在看关于人格障碍的资料时，我将这个词输入搜索框，试着从他的角度看这些文章是什么意思。搜索出来的第三个结果是一篇标题为《为什么不能跟患有边缘性人格障碍的女孩约会》的文章。这篇文章发表于另类保守主义的网站上，我本不应该相信这类文章的，但是，一看到了这样的标题，我就觉得很受伤。**在网上搜索资料寻求安慰时，你要记住，网上的内容不见得都是可信的，不要把你读到的内容太过当真。**

Ins

Ins 上有很多很棒的群组，例如健身群。这些群组的存在只是让人互相交流，传播自爱，是让人减轻社交压力的平台。然而，在 Ins 上，无论什么人都可以将自己假扮成超级英雄式的人物，我觉得，这也是像 Ins 这样的社交网络平台的缺陷之一。

在近期的一份色拉布英国调查中，Ins 成为对年轻人心理健康最不好的社交平台之一。14 岁至 24 岁的用户抱怨，这个平台会造成用户一系列的心理隐患，如孤寂感、抑郁，上面有对恃强凌弱行径的报道，还有一些不雅观的身体照片。

这个平台靠记录人们的奇妙经历而存在，并将这些经历公示出来让我们看到。在这个平台上，别人分享的生活经历好像总是比我们自己的生活更精彩，别人好像总是拥有我们想要的东西，如令人羡慕的爱情，新染的紫色头发，还有大家都在热追的书。

生活状态好的时候，我会把 Ins 当成炫耀显摆的工具。我会收集一些家附近好玩的地方的照片，或者是我想去的花销不高的欧洲城市的照片。生活状态不好的时候，Ins 上的言论就会让我怀疑自己。我会浏览三个前男友发布的内容，以及三个我认为关系不错的女性朋友发布的内容，有时候也会看看自己发布的内容，还会自己点评一下哪些还不错，哪些可以删除，就像选秀之父西蒙·考威尔点评参与选秀节目的选手一样。

我还有另一个跟 Ins 相关的不良习惯，可以称得上是社交媒体上自我糟蹋的最高级形式，就是用侦测 APP 查看取消关注自己的人。每一年，我都会下载一款这种 APP 来检测，在 Ins 上有哪些人对我取消了关注。每次我都觉得这应该很有意思："噢，看，那个无聊的家伙取消关注了我""哎呀，那个认为我可能很风趣的人取消关注我了""哈哈哈，我前男友的妈妈终于取消关注我啦"。事实上，每次用这种 APP 的时候，我都会觉得，是不是我哪条状态发错了，让取消关注我的人不满意、不高兴，并且我会为此而自责。

有一回，我发现，我的某位前上司居然取消关注我了，而她却仍然关注着以前跟我们一起工作的其他同事（我再次检查了一下，但结果还是一样）。我以前把她当成偶像一样崇拜，认为她是这世上最理性、最聪明的商业女性。我本不应该太过关心这一点的，但一时兴起，我突然很想给她打个电话，确认一下是不是她点错了（谢天谢地我没有这么做）。然后我去问我的朋友，他们说，可能是我发布的内容里有什么东西很过分，也许是我更新太过频繁了，也许是我发表的内容没有内涵，也许是照片太过花里胡哨。

我本来想关闭 Ins 账户，但后来又一想，这样也太过极端了一些。这是一个社交平台，不是现实生活，要冷静！后来，我用 Ins 的时候就更加理性了。

我取消关注“讨厌的人”（确实不喜欢，但又偷偷关注他们动态的人），我也限制了自己浏览他人动态的次数，每周两次（人都是不完美的）。我还用了如下方式，来让自己的账户内容看上去更加健康合理。

- 找到自己感兴趣的群组。如果你跟合适的人交往，那么 Ins 就是一个对你有益的、和睦的交友平台。如果你有什么爱好，或者有什么特别的理由，你就能够吸引粉丝的关注。我加入了一个伦敦女作家的脸书群，有人在群里发布了自己的 Ins 账号，问有没有人想用 Ins 保持联系，我回复了对方，认识了 100 个跟我一样的新朋友，他们也喜欢阅读和写作，喜欢读书之后写读后感，这样，我在 Ins 上收获了更多的关爱和友谊。
- 你不必绝对地诚实，也不要总是把你的照片修得很漂亮、很吸引人。除非你想要吸引大量粉丝关注，不然无论发什么样的动态都没问题。我去医生那里治疗二级烧伤，这种照片我不会发布的，但我会发布医院里很多病人就诊的照片，以及我对抗焦虑症发作的照片。这样做，我就觉得我跟其他将自己的焦虑症症状发布到网上的人是一样的，这让我们相互支持和鼓励。
- 偶尔戒一下上 Ins 的网瘾。检查一下自己关注的所有人，那个总是抱怨瑜伽课程太累的朋友，你觉得他很没用、很懒吗？也许你该取消关注他？你还可以进入设置页面，删掉某些你认为内容太长的状态。

- 下载一个修图的 APP。有一次，我就用修图 APP 修改了一下我的面部表情，我发现这能让你看起来更有魅力。虽然那些 APP 可能会给你添一对狗耳朵，但是也能让你看起来更加有精神。Ins 上的人物照片之所以看起来很迷人，就是因为网友们在拍照的时候加入了一两种特效（由电脑软件制作出的现实中一般不会出现的特殊效果）。我只贴出过一次加了特效的自拍照，那是我妹妹给我拍的，照片里，我举起了双手，我自己在腋窝那里加上了看起来很瘆人的皮疹特效。这张照片并不搞笑，只不过是我的腋窝那里多了皮疹的印子而已。这让我认识到，如果你擅长玩某些 APP，你就可以随心所欲地去玩。你在 Ins 上关注的人其实都用了修图软件，你越明白这一点，你就越能够习惯，因为他们为了提高关注度，付出了太多努力。如果你对此感到厌烦，那很不错；如果你没有厌烦，那也不用担心，因为那些照片都不是真的。

网络追踪

大家都在网上查找别人的资料信息。我的第一任男友跟我分手之后，我们成了很好的朋友，后来他告诉我，他跟他的新女友也吵架了。因为他发现，她每天起床之前，都会翻看我的 Ins、推特、脸书和汤博乐上的诗歌（真希望她喜欢我缺乏韵律美的五步格诗），他让她不要再这样翻了，但她却养成了习惯，不想改。

他说的这一点并没有惹恼我，相反地，我甚至想要给那个女人一个大大的拥抱，告诉她我也一直在关注她。我看到过她在网上发布的关于她生活的所有内容：她的脸书账号、她的表演秀视频，以及她的易集网（Etsy）古董珠宝店。她发在网上的内容，我没有不知道的。居然还有人在网上关注我这么个讨厌的平凡人，这也太出人意料了。她才值得被人关注，她是个演员，一头姜黄色长发，就像美人鱼一样，她喜欢凯恩——一个女神。我想要告诉她，够了，我并不风趣幽默，不要浪费时间来关注我的各大网络账号，去过你自己的生活吧，但我并没有这样做。我们一直都在低头翻看别人的网络账号，也总是哀叹，别人的生活比我们自己的要更精彩。

随着时间流逝，我在 Ins 上窥探得更加认真仔细起来。我总是去看前男友的那个新女友。我想知道他们是否过得幸福。这样做不对，可我们都是这样做的。而且，我窥探的内容远远不止如此，有时候我甚至忘记了为什么要去浏览他们的账号。例如，我可能一直在看我朋友教母的那个有钱女婿的账号，看得入了迷，可是看完之后，我却想道："我的朋友雨果最近怎么样啦？他买新车了吗？买新房了吗？交新的女朋友了吗？"

无论你是遇到了骗子，还是发现有人给了你恶意的评价，抑或看着前恋人秀自己的幸福生活，你都会觉得难过。在我看来，最重要的就是将网络当成自己培育的花圃。我想要花圃里开满鲜花，而不是长满了荒草。我开辟了一片属于自己的天地，在这里我觉得安心，还能学到东西，让我开心。那怎么才能做到呢？你可以按如下提供的方式去做。

- 跟你看重的群组和个人保持联系。我曾经创建了一个群组，帮助贫困的人购买急缺的卫生用品，群友们为无法购买卫生用品的女性朋友们购买棉签和卫生巾。我也会在网上尽量支持他们，为他们的志愿服务提供帮助。
- 尽你所能，去做有意义的事。我就曾根据社交媒体上的信息，加入过伦敦的一家大型音乐机构，教年轻的女孩们弹奏乐器。我花时间去了解这家机构的宗旨，为他们设计文案广告，吸引音乐能人们过来帮忙。
- 在脸书群组中寻求安慰——只要谈论心理健康不

会令你感到不适。我加入了 25 个以上的脸书群组，我很喜欢它们。它们让我在使用脸书的时候更加随性。其中有 10 个是有关心理健康的，如“焦虑症女患者”“边缘性人格障碍女患者”(你猜得不错:就是一群患有边缘性人格障碍的女人)。你可以在群里讲述一下你病情发作时的症状，也可以分享一下每天所取得的小成就，这些都是没有心理疾病的人所不能理解的。

- 我还创建了自己的群组，名为“女人和心理健康”，成员们在其中讲述各种各样的心理健康问题，我们则对这些问题进行一番友好的探讨。
- 推特网上的心理健康群组也很不错。推特网上有各种自夸或自贬的人，也有很多活动家、演说家，还有很多致力于除去耻辱的人。
- 我在红迪网（Reddit）上匿名发表了很多关于自己对抗心理疾病的文章。我也在那里交了很多朋友，我们现在一起使用一款交友 APP，我们在上面谈论自己的治疗状况、遇到的感情问题和每天遇到的可能引起病发的状况。
- 像大白（Big White）和 7 杯（7 Cups）这样的网络社交平台也是很棒的心理问题咨询和交流区。

第10章

当你需要帮助时，请记住

- 重要的是，不要自己一个人处理和应对你的心理疾病，一定要向某人求助。可能你很难向别人倾诉你的心理问题，跟人说的时候，你可能会觉得，你虽然说了很多，但听你说的人可能抓不到重点。但是，不要觉得是自己没有表述清楚，不要忙着羞愧，先把这些都记下来，相信我，说自己的心理问题没什么不好意思的。
- 全球至少有四分之一的人有心理问题。
- 到 2030 年，英国患有心理疾病的人可能比 2013 年时多 200 多万人。
- 年轻的女性是患心理疾病风险最高的人群。在英国，有超过三分之一的年轻女性觉得自己过得不幸，人生毫无价值。
- 你不能把你的心理疾病埋在心里，而不告诉其他人。

- 你不把自己的心理疾病告诉其他人，是因为你觉得这种病很罕见。（注意：事实上，患病概率是四分之一，这就表示，心理疾病一点儿也不罕见！）
- 别人看不到你的内心，你必须主动把你的心声告诉他们。
- 跟人交谈是让人了解你痛苦的最快捷的方式。
- 没有人应该认为，他们必须隐藏自己的内心。
- 向人求助很重要。
- 向人求助可能挽救你的生命。
- 跟人说你是残疾人，你不会觉得不好意思，那么，你的心理健康有问题，也不必觉得不好意思。
- 心理疾病患者并不像电视新闻报道的那样，对社会有害。
- 跟人交谈，就像给气球放气一样，让你心中的郁结之气慢慢地排解掉。
- 你对人越诚实，你们的友情就越坚固。
- 如果你把自己关起来，那么你跟他人的人际关系就无法起作用。
- 无论如何，你都不希望你身边的人因为你患有心理疾病而排斥你。
- 向别人讲述令你难过的故事之后，如果他们遇到了类似的问题，也会来向你倾诉。
- 经受住了脆弱，才能变得坚强。

8 岁时，我在学校组建了一支名为“乔治小子”的乐队，之所以取这个名字，是因为那所学校名为圣乔治学校，所以这名字并没有什么创意。然而，我的确写了一首获过奖的歌曲（在冬季的才艺秀上，我们赢得了“最有活力之队”的称号），名为《一生的友谊》，这首歌很容易被记住，因为只有一句歌词，“一生的友谊，我们日夜不停地为之歌唱”。当时，我们反反复复地唱这一句，唱到你想去撞墙为止。

从我写的这首唯一的作品可以看出，我最渴望的是挚友。我想要组建一个群体，最好是一大群到处捣乱的女孩。因为我父亲的工作地点经常换，所以我总是不停地转校，我从没有固定的朋友。即便现在，我最爱的朋友们也都分散在世界各地，有的朋友我每周都能见到，有的我却很难跟他们见面。

我知道，好的友情是没有范本可以临摹的，每个人都有不同的需求和期待。至少，我从来没跟一大群朋友一起聚会过，我也没有经历过那种拉帮结派吵架的事情。也许，我不适合跟一大群人相处。如果跟一大群人相处，我可能就会被湮没其中，或者随大溜地去做别人想做的事。

我曾经也跟一群人一起度过假，那是某个学期期末，我们搞了一次毕业聚会。大家都成群结队地参加各种聚会，大口喝着从超市买的大杯可口可乐、朗姆酒，但看到俱乐部和酒吧那绚烂的彩灯，听着那嘈杂的音乐，我居然觉得有点儿害怕。我真想像狗一样，躺在地板上，让人轻抚我的背，不要让我走进那拥挤的包厢,在那里,我的脚就像粘在了地板上,动也动不了。

我并没有跟着同学们一起嬉笑打闹，而是去旅馆睡觉了，第二天早上七点，我起了床，去了某处遗迹参观。你可能觉得这样令人厌烦，但我的故事还没结束。后来，同学们居然玩起了拼字游戏——另一所学校的两个跟我同龄的男生也很擅长玩这个游戏。我也加入其中，那个晚上，我跟他们玩了个通宵，而且一点儿也不觉得疲惫。后来，我跟另外两个性格内向的人一起喝便宜的希腊啤酒，我感觉我们几个并不是在聚会，我们并没有融入聚会的氛围中，只是在做自己想做的事，没有人跟我们交流。

我知道，在友情上，质量比数量更可靠。我发现自己很难融入那一群欢畅大笑的同学之中（除非玩填字游戏）。通过一对一地相处，我才能确定，跟我相处的朋友也很喜欢我，也愿意跟我一起玩。我不需要给自己戴假面具。通过一对一相处，我才能确定，我的朋友注意到了我，这样，我也更容易跟对方说我所面对的问题。

我的大部分朋友都知道，我的心理疾病发作时状况有多么可怕。我经常拿自己病情发作时的表现开玩笑。我会对自己的疯狂行为和服用的精神类药物开玩笑，如果没有人讽刺我（当然，我的朋友们可以讽刺我的玩笑一点儿也不好笑），我就会跟他们认真说话。

我现在快 30 岁了，但也很难对我的朋友们绝对地真诚，尤其是那些关系确实很铁的朋友。我总担心自己会让朋友们失望，会成为他们的负担，我担心，如果一切都只考虑自己，那么他们就不会真的把我当朋友；我担心，因为不想面对自己的问题，而失去了跟朋友们坦诚相处的机会。不让他人完全地了解自己，那么你也就无法全面地了解他人。我尽全力让人觉得我对人慷慨大方，勇敢无畏，值得信任。我把我的病情和自残的经历告诉过一些朋友，病情发作时，我也会向他们求助。

你可能不想把自己的心理疾病告诉别人，但告诉别人是很重要的，因为只有这样，你才能驱散你心中积累的阴霾。你让别人涉足你的内心，即便只是了解了一小部分，你也不会再觉得孤立无援。戴上一个假面具，告诉别人我一点儿问题也没有，这就需要你放很多“烟幕弹”。要让别人相信，就必须无限夸大你的生活状况：“噢，是的，我跟那个同事约会过了，真是太棒了，太、太棒了！我们相处得十分愉快，一切真是太棒了！”看看一年前低潮期的我在 Ins 上发布的状态，我看到了各种参加聚会时拍摄的照片，看起来我过得很滋润，实际上我的状况很不好：我的手臂绑了厚厚的绷带，眼睛像哭过三周一样，沉沉的，睁不开。

为什么把你的感受告诉你的朋友那么重要呢？理由如下。

- 你需要朋友的帮助。人性本善，愿意彼此帮助，只是人们总是不知道该如何彼此帮助。想一想，当别人向你求助的时候，你是什么感受？当别人向我求助时，我就觉得自己还有价值，觉得别人尊重我，而我也必须尊重他人，不能把别人当成累赘。

- 你需要朋友的支持。对待心理疾病，无论是短期的还是长期的，你都需要帮助，需要支持。不要让自己为难。
- 你需要让朋友知道，你没有疯。告诉别人，你有时候会觉得，你看到的东西像虚幻的，你像生活在一口深井里，好像有蚂蚁在你身上爬来爬去，你这样说，你的朋友不会认为你是个疯子。你要记住，你不是神经病，不是怪胎。无论你表现出了什么症状，都是暂时性的，这些症状并不是你故意做出来的。

友情能帮你度过情绪低落的时期，但友情不是人的救星。别人不能改变你的思想，也无法让你摆脱困境。友情意味着陪伴，意味着支持，意味着倾听，像春雨一样“润物细无声”。朋友给我发来了可爱的小狗的照片，这就足够了。友人发来的信息能让我大笑，无论是多么幼稚的内容，这些都会让我觉得他们一直在身边，他们没有放弃我。

我的朋友们并不是受过训练的心理学专家，我不期待他们能给我什么专业的建议和意见。有时候，我说出自己的感受之后，他们还会要求我解释，因为他们并不明白我说的是什么意思。他们这么说，我一点儿也不介意，因为他们并不是要让我难过，他们只是要让我知道，我不能等着他们给我解决问题。我的很多问题我自己都不清楚，更别提他们了。

跟朋友们公开你的心理问题时，你可能会发现，朋友们也有跟你一样的遭遇，这会让你们产生同病相怜的感受。当我告诉我最好的朋友我有抑郁症，而且它严重影响了我谈恋爱的时候，我的朋友也有感而发，她说她也有过这样的经历，但那时她并不知道自己究竟是怎么回事。在事发后几周的时间里，她一直在想究竟发生过什么，她甚至向导师请假不去上课，也很多天不跟人说话。她不想见任何人，因为她觉得很迷惘，很难于启齿。她选择了独处，给自己必要的时间和空间去思考究竟是哪里出了问题，但却逐渐习惯了孤独，她无法摆脱这种孤独的状态。她已经退无可退了，她觉得没有人能够帮她。

如果我不跟她说我的故事，她也许就会一直孤独下去了。对她来说，知道别人也体验过她的经历让她觉得轻松。她没有消沉，没有一蹶不振。她也有抑郁症，她必须把这件事告诉其他人。

现在，我跟她见面的时候，我们也会探讨各自的病情。有时候，她说起自己的经历，我发现我也经历过，我会兴奋得尖叫出声。她懂我！她真是太棒了！有时候，我也会给她发这样的信息："嘿，你有过……这种感觉吗？""你觉得……这样正常吗？"能向朋友倾诉我的烦恼，真是太棒了。她无须直接回复我，只要知道她能读懂我的问题，而不歧视我，这就足够了。

当我的抑郁症发作时，我有如下的状态，请朋友们理解。

- 我感激我爱的家人朋友们为我做的一切，很遗憾，我无法总是把这感激挂在嘴边。
- 我谢谢你能尽力赶到我家来，但来之前一定要告诉我，因为你不请自来会让我觉得很紧张，会让我羞愧我居然没有关心我自己，关心周围的人。如果你要来，请先提醒我。
- 如果我看起来心烦意乱，那是因为我的头脑中一片嘈杂。
- 如果可以，约我出去的话请单独约，因为人太多会让我觉得紧张。
- 我可以跟你一起看电影或电视，但时间不要太长，内容不要深奥难懂，因为我的注意力不会太过集中。
- 跟我制订计划——不是太重要的人生规划，而是计划像一起去散步、野餐、去海边这样的小事情。

我心情抑郁的时候，未来就是一片虚无；我能够填补的空白越多，我就觉得越有希望。

- 你夸我的时候，我可能在揉眼睛，可能没有仔细去听，但我内心里是感激你的。
- 我可能不想说话，可能会觉得嘴里像有一大团花生酱一样，所以，如果我不怎么说话，或者我说得不清不楚的时候，不要担心我。

把你的症状告诉朋友，朋友还可以给你提建议和观点。当我对自己的病情太过悲观时，我就需要另一个人的声音来点醒我，让我看清现实。我总是以最糟糕的情绪和思想来看待我自己的状况，这样真的不好，不过我却习惯了，对我来说，有这种糟糕的情绪和思想就是正常的。我需要朋友来提醒我，我现在很好，我值得拥有更好的东西。

把你的症状告诉你的朋友，并不需要你忏悔自己的行为，在他们问你是否还好的时候，你只要说“没事，我之所以那样是因为……”就好了。但如果你觉得难以启齿，你至少可以把你想说的话先记录下来，然后说的时候这样开始：“我想告诉你我究竟怎么了。”这样的话，你说的时候就会有条理。你可能会想先跟不认识的人说，像 Samaritans 和 Sane 上就有电话和邮件服务。你可以先摸个底，确定一下你想跟朋友说什么，还有什么是你觉得说不出口的。

我发现，最好不要一次把所有的事情都说出来，而且选人要谨慎——你不需要告诉所有人。有时候，我觉得自己很想说话，话就像流水一样滔滔不绝，但很快我就会后悔说了那么多，最后我就会因为把自己的问题告诉他人，给他人造成压力和困扰而自责。某些情况下，我会因为给他人造成压力和困扰而感到十分羞愧，我甚至会结束我们的友情，还自认为这样是给了他们解脱。

先弄清楚你想要从别人那里得到什么，再跟人沟通交谈。你有什么特别的理由要请他们帮你吗？如果没有也不要担心，有时候，向人诉说也能帮你减轻压力和紧张感。如果有你的朋友能够帮忙的确切的事情，那就明确说出来，他们会很乐意帮忙的。

无论什么事都要说，可以是让他们打电话叫你早点儿起床出去约会，也可以让他们每周陪你看一次电影；你可以要求他们帮你跟你的父母沟通，也可以让他们在你诊疗之后过来接你，让你有机会向他们倾诉。如果是很重要的事情，请记住他们可能会说“不”，不要把这回复当作否认或漠视你，因为他们的生活可能也不容易，他们可能会觉得他们也无力帮助你。

说了这么多朋友的好处，我还想告诫你，有时候，你会觉得身边没有关系特别亲近，能够跟你交心的人，这没关系，这不是你的问题。

如果有人跟你说他们的心理疾病，而你觉得不知道该如何应对的时候，你要记住如下内容。

- 你的最终目标不是要改变他们，即便你无法让他们开心，那也不是你的问题。你要做的就是倾听。
- 你看到他们微笑，这并不代表着他们过得不错。记住，人是优秀的演员，我们总会选择该以怎样的表情示人。
- 如果别人没回复你的信息，或者你问他们是否还好时别人犹豫了，不要认为他们是在生你的气。通常，他们只是觉得他们不值得你的问候，所以他们无视了你的消息，不要轻易放弃。
- 如果你感到难受或担心，请告诉他人，你不要沮丧，不要玩消失。
- 要记得，当你的朋友向你倾诉他们的问题时，他们其实是在尽全力面对，即便你可能会觉得他们其实没付出多少努力，但他们确实努力了。
- 让他们知道，你关心他们，但不要怜悯他们，不要把他们当成无可救药的人。
- 不要让他们觉得，他们的问题是无可救药的，如“还有很多人不如你”“非洲人都过得生不如死”“哎，也许我应该也自残一下”。他们是很敏感的。虽然你只是想要表现得友好，但也不要让人觉得沮丧失意。不要说“只要过去了就好”或者“天啊，快点儿振作起来”这种话，这种话是没效果的。这种话用来鼓励病人可能是有用的，但跟朋友说可就不行了。有个伙伴曾对我说“你想要自杀吗，你想要自杀，让我也想自杀了”，这让我们的心情都变得很糟糕。

- 要让他们觉得你和他们是一样的，要让他们觉得你跟他们在一起，即便他们要面对恶魔，你也跟他们在一起。
- 一条简单的真诚的问候短信可能让人一整天都保持好心情。
- 要记住，你会害怕是很正常的。如果你的朋友极度沮丧，他们表现得也很冷漠，那么他们跟你说的话可能会让你担心他们，你甚至发现，你的思维可能也会变得跟他们的一样，突然间，你也觉得这世界不像以前所认为的那样美好了。别人跟你说了他们的问题之后，也要确保你身边有可以倾诉的对象，这样你就可以把你的心情向他们倾诉，让自己不再那么担心害怕。
- 让他们去寻求专业救治。即使你的朋友跟你说，他们打算自杀，拯救他们的任务也不该由你来承担。你要告诉别的亲友，或者咨询当地的心理咨询机构，因为他们很可能会有生命危险。你不是专业的心理学专家，这个责任不该让你来承担。

诊治

自 16 岁以来，我已经接受过无数次治疗。我一共看过 17 个不同的心理医生——我最喜欢的是写这本书时咨询的那位。她从不说废话，而且也不错过我说的真正对我有影响的内容。曾经，我离开她的办公室的时候，也认为"她是个巫婆，我讨厌她"，但后来我冷静了下来，我知道，她只是在做她的工作而已。即便是再严重的症状，她也能够顺利化解。

我现在接受治疗，是因为我想要化解自己的心理疾病，不让它们影响我的生活。我经常回忆过去，并且为过去做出的不当行为进行反省。当然，我也接受了别的方式的治疗，我在医生的指导下为自己制订详细的计划，计划在两个疗程之间的空闲时间里，自己该做些什么来巩固疗效。这些计划也就是在我焦虑症发作时让我理清自己的思绪：我做了什么？发生了什么事情？在疗程中用认知行为疗法（CBT）治疗，如果你患有焦虑症或抑郁症的话，医生们都是推荐这种疗法。

后来，我开始找人际关系疗法方面的专家，他们会更深入地了解你的童年经历、恋爱经历以及过去的其他经历。接受治疗的时候，你就会恍然大悟自己出了什么问题了，你就会恢复理智。你的生活中总有些事物对你有重要的影响，只有医生能够看明白，因为他们不是你，他们的视角跟你自己的不一样，所以他们对你的遭遇也会有不同的见解（当然，医生是经过了早年的培训，而且也有多年的从业经验的）。

治疗方式多种多样，在你决定接受治疗之前，我建议你对自己的病情进行详细了解，并推测出哪种方法会适合你。我以前总是找不同的医生咨询，却不清楚自己为什么要就医，这主要是因为，我可以免费就医。如果你要就医的话，你就要先了解清楚自己的情况。

不要像我一样，**不要盲目地答应医生推荐的治疗方案，你可以先咨询一下医生，然后自己上网查资料。**我的焦虑症发作时，认知行为疗法能够帮我恢复理智，让我乱糟糟的生活恢复平静。它让我能够控制自己的病情——我现在仍然在使用这种疗法。多亏了这种疗法，我才能够离开家，坐上公交车，参加聚会。

我有了用起来得心应手的工具，我就很想了解，为什么我的身体在某些情况下会做出那样夸张的行为反应。**通过跟医生交谈，我就能够知道，我为什么会做出异常的反应。我们交谈的内容无关什么实用性的技巧，但最终我学会了更加怜悯自己。我的身体没有问题，我的头脑也没有怠工，我会做出异常的反应是有理由的。**

第一次去医生那里接受治疗，其实是对你的测试，你要弄明白你能不能适应这位医生和他推荐的疗法，如果可以，那么他就能够帮到你。这个测试部分我从没有重视过，我认为这只是要我复述一下自己以前的经历，我已经做过很多次了。如果医生态度和善，还能够因为我开的黑色幽默式的玩笑而大笑，那我就认为我们可以好好相处。我并不太关心其他的细节，我不会去想，这位医生说的话我有没有听过，我有没有感觉不舒服，我是不是只想快点儿结束谈话然后离开。

虽然我就诊过的很多医生和咨询师都很优秀，但并不是他们都适合我。我印象最深的是一位名叫奈杰尔的高个儿医生，肤色洁白，面色红润。我总感觉他说的跟我说的毫无关系。我试图改变我的言辞，努力地不让他对我产生不好的印象，但却没有收到什么效果。

我也去看过另一个我很喜欢的医生，每周三晚上我会去她那儿就诊，但我很想跟她成为普通朋友。我计划独自去巴黎的时候，就不能去她那儿就诊了。她为人和善，给我提的建议也很中肯。我告诉过她，我认为她那样的女人才是好女人。她个性温柔，说话行事彬彬有礼，而且极富同情心，很为别人着想。

我很想让她开心，无论她观察到了我生活中的什么细节，我都会很肯定地点头，根本都不会去想“等等，她说的对吗？”。我很想让她知道，我是一个很配合的病人，我很想让她知道，她的诊疗方法对我很有效。我生来就会融入周围的环境，做我需要做的来适应环境，我们都是这样生存的，但这种方式却并不适用于治疗。我的职责不是要照顾医生的感受，让他们不后悔自己的职业选择。

那么，你怎么知道你找的医生是否适合你呢？最重要的是，你跟医生或咨询师交流的时候，你不会有羞耻感。开始的时候，我只会说一些“简单”的事情，如在之前的一次会议上我觉得紧张，我曾经跟别人很难沟通交流，几年前跟男朋友分手等。这些事情我认为“简单”，因为它们不是最让我感觉寝食难安的事情。一旦把握住了交谈的节奏，我就会褪下自己的“保护壳”，说出更多有关更严重病情的情节。

我总是为自己感到羞耻。这种羞耻感吞没了我，让我无法做出合理的抉择。它让我像喉咙里塞了一团棉花一样说不出话，羞耻感就像流浪动物一样一直绕在我脚边，让我挪不动脚步。治疗过程中如果有了羞耻心理，那你就无法了解困扰你的东西的本质。大声地说出自己的羞耻感，这能帮你更顺利地跟医生交流。

有一次我去现在的医生那里就诊，她问我“你这周过得怎么样”，我回答“我过得很糟”。我当时跟男朋友吵架了，因为我认为他在外面偷偷吸毒，我偷偷跟着他出了门，后来自己却去酒吧喝了酒，然后又在肖迪奇区的某个宾馆跟我的前男友一起开房。那时候，我为自己做过的事而感到羞耻。我好像对任何事都没有把握，我需要发泄自己的情绪，但我又担心，如果把真实的经历全都说出来，我的医生就会认为我喝多了,认为我是个荡妇,认为我是个道德品行败坏的女人。

我并没有多说跟男友吵架的事，反而说起了我在工作时做过的一份报告，我感觉那份报告做得不够好，但结果老板却说还不错，我那三天一直忙着看书，为这份报告做准备，而且都没有抽烟，所以我应该为此感到自豪。

当时，我的医生认为，上述的两件事情跟我的疾病没什么关系。她要我停下来，并且解释我到底想说什么。这对我来说很容易，因为我只要说出我的想法就好了。

“我觉得自己没用。”

“为什么会有这种感觉？”

然而，我接下来的回答却让她觉得我心绪太过复杂。

“我想告诉你我的经历，虽然我知道你的职责就是不带任何偏见地倾听，但我担心你会觉得我很讨厌，我不是说你的工作做得不好，我只是担心。”

然后她说出了一句话，现在已经成了她的名言：“好吧，你想得太多了。”

我们逐字逐句地分析了我说过的话，探究那些话语包含的感情，我甚至告诉她，我为自己感到羞耻。把这些告诉她之后，我也就理清了自己的思绪，我明白了我真正想说的是什么。

在治疗过程中，我们会觉得跟医生交流是很有规律性的，你的医生问你一个问题，你就做出回答，但事实上，有很多事情是很难说清楚的。不按常规的模式跟医生交流确实能够在这方面帮到我，它让我不再局限于那种问答的交流模式，我能够停下来，把我当下的感受告诉医生。所以，我现在已经学会了，在我觉得需要说明我很害怕、很担心的时候，就开口直接说出来。

我的医生也会问我的生理感受，这让我将自己的身和心联系到一起。通常，说到兴头上时，我就容易冲动，我需要给自己增加一点儿压力，把我带回到现实中，让自己冷静下来。

我还认识到，在诊疗过程中，不能把跟医生的交流当作自己的表演秀。我感觉自己就像《欢乐满人间》的女主角玛丽·波平斯一样，有无数的缺点，但如果要让我指出我最喜欢的自己的个性，那就是我知道该怎样让人快乐。朋友们心情低落的时候，我会逗乐他们，安慰他们，至少能让他们露出一点儿微笑。但是，问题就是，喜欢幽默的人在讲故事的时候总会用幽默的方式去述说，而有时候却并不适合用这种方式。看医生的时候，当说起自残、自杀或遭遇性侵的经历时，我总会在某个时刻用一句黑色幽默式的话，我不想太过严肃认真，我不想想太多，我不想为自己感到遗憾，一直都不想。

也就是说，当医生听到我的玩笑或故事时大笑，那么我就觉得我胜出了。我曾经让一位咨询师在我咨询时大笑了三次，这让我觉得我是《周六夜现场》的表演嘉宾。将我的痛苦当成笑料，这让我有成就感，让我觉得我在做有意义的事情。我的医生却让我不要把她当成我的听众（你知道，我已经有点儿喜欢她的这种方式了）。

我告诉她过去一年里的经历，我告诉她，因为我不想把自己的心理问题说出去，所以工作的时候我都沉默寡言。我总是喝醉酒。我告诉她，我曾经乘坐救护车去了精神病医院，有意思的是，开车的司机跟我同龄，途中，他一直试图跟我沟通，但我不怎么搭理他。我把这些故事说得跌宕起伏，我快速呼吸了一次，呼气的声音就像尖叫一样，这时她叫我停下来。“你能停一下吗？”我按她说的做了，但心里却想道：“她为什么叫停了？”她说，某些经历只要提及就可以了，不必说太多，更不能以说笑的态度说，而我这种开玩笑的方式让她感到焦虑。

“我让你感到焦虑？”我想，“怎么会？我什么也没做呀，我只是坐在这里说我的故事啊。”后来我认识到，我讲述生活经历的方式反映了我对自己生活的看法，我把这些故事当作玩笑话说出来，我根本不觉得那些经历跟我有关，内心里我还担心我说得不够生动。

我的医生教导我，在疗程中应该更加认真严肃，在跟她说话时，我应该梳理清楚自己的情绪。这并不是说，我就要用悲伤、低沉的声音说话。现在，我接受诊疗的时候，仍然会说自己的真实经历，但我会试着放慢了语速。我觉得很难判断自己的“真实”感受，我的真实感受深藏在内心深处，我却没有弄明白那些感受。但我的速度越放慢，越关注周遭的环境变化，我就越能体会到内心深处的真实感受。

不是所有人都希望遇到女医生，但是我喜欢去女医生那儿就诊咨询。那位名叫奈杰尔的医生，他不能跟我说“性”这个话题，我也不能跟他倾诉我的情感问题，我不能告诉他我跟多少人做过爱，我也不能跟他说我在性交时突然冒出来的奇怪想法。如果男人对我做的行为让我感到非常恼怒，我就会痛骂他们，所以，我不能看男医生。我害怕去见男医生。

我也曾因为某位女医生的 Linkedin 账号上用的头像是一个 20 世纪 80 年代流行的头饰照片而拒绝去她那儿就诊，我觉得那个头像很奇怪。接受我咨询的女医生们都是很精明、很能干的女人，这让我莫名地有种恐惧感，而我也不是那种爱打扮的女人。通常，我都是在忙碌了一天或者很颓废地躺了一天之后才去看医生。

我跟那些在英国居住的外国医生关系最好。自我到英国留学起，我已经在英国待了 5 年了，我接触得最多的也是无法融入这里的社会的外国人。英国脱欧公投的时候，给我诊治的那位医生也跟我一样，未来不明确，所以她能够理解我的焦虑心情。

以下是我认为在选择医生的时候会有用的内容，**每个人的生活遭遇都是不同的，但当你找到了可以倾诉的人之后，你就会觉得很轻松。当然，你们的相互适应是需要一个过程的。**

等待就诊

关于治疗心理疾病，我希望有人告诉我的一件事是：一旦你定下对你有益的咨询目标，你就跟医生提，但你的医生是不会直接听你的。除非你去的是那种不是特别贵，花销却也不少的私立医院，但是要真正得到治疗，你还需要等很久的时间。

每个国家的情况都不相同，但在英国就医，你就会认为，英国国民健康保险的资金应该是很少的，因为英国的心理咨询机构数量太少，根本满足不了市场需求。我跟很多没能得到国民健康保险的人，以及因为没有别的办法而接受了不当治疗的患者都谈过这个问题。

现在，我体会到了用认知行为疗法来治疗我的边缘性人格障碍的乐趣了。最近我向心理健康咨询中心电话沟通了三个月，试图找到一家适合我的机构。最后一次跟他们沟通的时候，他们说他们已经没有可以推荐的机构了，他们给了我一些心理病症自助网址，这让我觉得我又回到了刚开始治疗的时候。

我不是唯一遇到这种事的人，有很多人的遭遇更糟。幸运的是，我现在病情没有发作，我不会给自己或他人造成任何伤害，但如果我给别人造成了伤害，那我就会被隔离起来，很长时间都不会出门了。

在想方设法治疗自己的心理疾病时，我需要打无数次电话。我讨厌打电话，现在，即便接听我男朋友打来的电话，我也要先深呼吸一次，然后再按接听键。所以，我认为打电话给不同的人，向他们倾诉我所有的问题，向他们寻求帮助，这不是什么有意思的事情。

那么，你在等着就诊，而且觉得需要等待很久才能得到帮助的时候，你要做些什么呢？

- 问问你的医生，如果你需要急救，或者不知道自己会做出什么自残的行为时，你能够在你所在的地方拨打什么电话或去什么机构求助。将这些机构的联系方式记录下来，放在可靠的地方保存，这样你需要的时候就能够拨打相应的号码（如距你的住处最近的医院），或者去相应的地方求助。我在伦敦的住处附近有一家名为“危机咖啡屋”的机构，如果有需要，你可以去那里寻求帮助。
- 记录下你跟医生见面或打电话的时间，这样，如果他们没有在约定的时间内打电话给你，你就可以重新约时间。
- 如果你能够适应，那你就可以在住处寻求社区帮助。
- 记录下你的思想、感受和情绪变化，以了解你自己的状况。这样，你就能够及时就医，能够弄明白这段时间里自己的异常究竟是怎么回事。
- 试着用心理健康测评 APP 和网站。我不喜欢用 APP，尤其是那些指导患者冥想的，然而尽管我总是等着看医生，但我每周二傍晚还是会冥想一个小时。虽然冥想的时候感觉像在蹲监狱，但我认为这种冥想还是能够起到治疗的作用的。
- 同样地，买一本书（再说一次，买我的书吧）阅读，记录下你觉得有用的、能够打动你的内容。

- 每天抽出一定的时间放松。这段时间内，你不要工作，不要上网，不用紧张，去做深呼吸，让你自己放松，敷面膜、躺在床上看《哈利 · 波特》，或者洗澡。养成这样的习惯，每天都抽出一段时间，专心去做让你放松的事情，这很重要。

药物治疗

去医生那里进行咨询时，我跟我的医生说自己的情况，她问了我五个问题，我回答了，然后她很快就给我开了抗抑郁症的药物——西酞普兰。

回家的时候，我感到非常迷惑，不知道自己在做什么。吃药对我而言是一件很重要的事情，我去药房取了药，放在客厅的桌子上，在这段时间里，我感觉自己的人生发生了重大改变。我把这件事告诉了我大学时的男朋友，我们一致认为，我应该吃药。反正剂量很少，如果这药不适合我，我就不再吃了。我吃完了药，就坐到廉价的沙发上等着看药效。

一年后，我的心理疾病症状有所好转了。我的焦虑症不再那么糟糕，我可以独自乘坐火车，我得到了一份工作，搬到了伦敦，我过得很不错。症状好转不容易，这个过程就像你点着鼠标，在谷歌地图上欣赏风景一样，你慢慢地看着，时不时还会点回去看之前看过的地方。相似地，有时候，我在工作，或者准备休息的时候，我的心理疾病突然就发作了，发病的时候很吓人，不过持续时间不长，一两周之内，我就会恢复正常。

服药三年后，我的焦虑症复发了，伴随着严重的抑郁症，还经常冒出自杀的念头，这些就像乌云一样，一直罩在我头顶上。这次我把药加大了剂量，因为之前用西酞普兰的效果很不错，所以继续用下去应该也很好。

一两个月之后，我的病情并没有好转，我自残的行为已经失去了控制，我总是想去撞车，于是医生给我加大了药的剂量，几个月之后，我又跟他们抱怨还想要自残，他们又给我加大了剂量。

从表面上来看，好像医生们就是用药来打发我，事实上也确实如此。在对自己的病束手无策的时候，医生的任何建议你都会采用的。而我知道，用药真的对我有好处。吃过药，我的思维才会更加清晰，我才能处理我头脑中那些突然出现的自残、自杀的想法，我也才能够控制自己的焦虑症症状。

在决定吃药之前，先看一看医生给你开的药，向服用过这种药的病人了解一下药效，这就是说，你会了解到那些服用过药之后的人所遭遇的故事。仔细地进行调查，按你觉得可行的方式去做，别人吃过药之后所经历的遭遇，你不一定会遇上。浏览医药网站，拨打咨询电话进行咨询。

医生问你很多问题，然后考虑给你开药，这样你回家之后就不用太过担心焦虑自己的病症。问一问医生，吃过药之后你的情绪会不会恢复平静，你的生活能不能恢复正常，你的身体会不会好起来，如果你决定不再吃药了，你又会变成什么样。你随后一定要继续跟进治疗，这样你就能知道你的病情变化情况。如果可以，在一段时间内只看一位医生，这样的话，他就能对你的病情有深入、透彻的了解，而你也会逐渐适应对方。

还有一点要记住，吃药并不能让你摆脱心理疾病发作。当我收到新的诊断结果时——边缘性人格障碍——我想，好吧，至少我现在可以用药效更强的药了，也许我很快就能好起来呢！我的医生告诉我，如果要换药效更强的药，那我白天可能很难集中精神。我只是耸了耸肩，一副毫不介意的样子，我认为我可以克服那种症状，还问她会不会影响我的阅读。

那时候我一天要读一本书，阅读是我认为最重要的事情。

“噢，那时你很难阅读，你可能集中不了注意力去读书。”

“哦，那就逼一下自己好啦，”我那时候想道，“我要坚持我的习惯。”阅读是我用来对抗抑郁症的独家药方，我不想没有书。

药也是不一样的，不同的人有不同的处理和应对方式。有时候，我们需要反复试验，才能知道最适合自己的是什么方式。通常，你身体的适应期有好几周的时间，这期间，你的状况会更加糟糕，不要泄气，这是正常的。

你还要记住，你无须一生都服用抗抑郁的药物。这就像你的腿骨断了之后，需要安装钢板，钢板是为了支撑你的腿骨，促进你恢复的。你的生活方式发生了合理的改变，加上生理治疗和为你提供诊治的医护人员，你就能够恢复健康，钢板也就能够取下来了。

药物治疗有如下的效果。

- 病情糟糕的时候，药物不是你唯一的救治工具。选择药物治疗的人并不一定就到了无药可救的地步，他们只是需要一定的支持罢了。
- 药物确实能让人快乐。吃过药之后，我就不会产生杂乱的情绪了。我有抑郁症，但我不是机器人，我也有感情。吃药能够让我克服心理疾病的干扰，让我体会到真切的快乐，但它们不是快乐本身。

- 药物无法改变你这个人的本质，也不会改变你的个性。对我来说，药物能够帮我，让我清楚我自己是谁，如果我努力，我会变成什么样子，也让我能够向他人求助，善待自己。
- 服药并不表示你就是病人。它能让你掌握主动权，你就能够掌控自己的遭遇。
- 药物不会损害你的创造力。抑郁症让我失去了想象力，我无法正常思考和想象。抑郁症让我不想起床，让我不能打开电脑写作。
- 服用的药物不会让你上瘾。
- 停用药物之后，你也不会变成歇斯底里的女神经，但你可能会大喊大叫。你服药之后，你的情绪就被控制好了，所以你需要一定的适应期，你需要弄明白，自己的哪些反应算是正常反应。如果你喜欢看《实习医生格蕾》，你会回忆起这部剧的一个角色克里斯蒂娜·杨失去孩子后哭得有多伤心。她说："我太伤心了，只想哭！"她哭得上气不接下气，别人都不知道该怎么办了，后来她喊道："谁来安慰我？"我不再服药之后，也曾这样难受过，哭喊过，不过，我不是因为失去了孩子，而是因为我找不到钥匙，或是因为错过了火车，或是我想吃谷物类奶制品的时候吃不到。虽然上述的这些听起来令人无法忍受，但这种状况持续的时间并不长。就像克里斯蒂娜·杨那样，我挺过来了，几周之内，我就控制住了病情。

第11章

当事情开始变好时，请记住

自从我在酒吧外发病，时间已经过去了一年。手臂的伤口已经愈合了，但我的情绪仍然没有改善，我仍然迷惘，仍然难受。我身上的伤口已经愈合了，我不用再缠绷带了，但我仍然感觉很倦怠，每天都无精打采的。

一次，我的朋友们在酒吧举办庆生会，我也想去。我跟不同的异性约会并不顺利，所以我很想跟能让我开心的人在一起（我总会在自己的社交账号上发布大笑的照片，这样，跟我约会的人就能看到，在没有他的日子里，我过得有多开心）。我的那群朋友决定去我一年前发病的那家酒吧聚会，这就能看出，在斯托克纽因顿区，没有多少酒吧是那些爱热闹的人喜欢去逛的。

我心里痒痒的，想去，至少参加聚会比待在家里想念一个自认为不喜欢我的人要有意思。没有人知道一年前我在那家酒吧发生了什么事，但出于安全考虑，我还是跟一个去过那里聚会的朋友一起去了。他知道，那个地方对我来说很危险，所以，如果我想逃离，我就能叫他帮忙，让我离开。

为这次聚会做准备就像为战斗做准备一样。我有很多需要准备的，我还告诉自己不能抽太多烟，不能喝太多酒（喝过了两杯酒，我就换成健怡可乐）。我还想带上能对我有帮助的东西。我曾在 YouTube 上发布了一个教程，教粉丝化妆。那天，我就用了粉底霜和遮瑕霜，这让我有底气，我对自己的化妆技术很有自信。再穿上一条自己喜欢的裙子，搭配高跟鞋，去找我朋友，然后一起走进酒吧。我的包里带了一瓶水、一点儿口香糖和一本书，以备用。谁也不知道我需不需要用得上。

我走进酒吧，经过那绚丽的彩灯旁时，禁不住颤抖了一下。酒吧里到处都是人，到处都有宠物狗。我的朋友身旁也有很多他的朋友，所以如果我想不被人发现地离开比较难。没有谁把我绑在酒吧里，我没有受困。我是自己去酒吧的，我想离开就能够离开，我现在一切正常。

我坐在人群旁边，试图去听他们交谈。大部分朋友都是刚刚下班，所以他们说得最多的就是办公室中的冲突和纠葛，如他们公司又来了什么新的同事，他们办公室的沙发坐着很不舒服，等等。大家都在愉快地聊天，而我却瞥向了身后的那张桌子，那是一年前我坐过的地方。那里坐着一对情侣，在尽情地享受醇香的红酒。他们的生活看起来很平静，那天晚上，他们喝完酒应该就会回去看他们都很喜欢的电视剧。他们这时的状态跟我一年前独自在那里喝酒的状态完全不同。

有人问我周末是怎么过的，我这才投入到跟朋友们的聊天中来。我说我看了一部真实的犯罪纪录片，然后我又问对方是怎么过的。就像在学校里玩的“烫手山芋”的游戏一样，一群人围成一个圈，我就站在那个圈圈里，大家一边听着音乐，一边传递着一个装着山芋的小袋子，音乐停的时候，袋子在谁的手里，谁就不能继续玩了。我不喜欢在沟通交流的时候做主导者，所以我只想抓住那个“烫手山芋”，不再参与沟通交流。那天晚上我太紧张了，我只想舒服地靠在沙发上，听别人说话。我需要足够的空间，尽量控制住自己的思绪，不乱想。

我坐在那里，一边喝酒一边听朋友们谈天说地，一坐就是两个小时，一点儿异常的症状也没有。唯一的问题是，我觉得很累，眼皮都有点儿撑不起来了。带我来的那个朋友提议回家，我也觉得可以回去了。后来，我跟那个朋友还一起看了他推荐我看的那部真实的犯罪纪录片，我们一起吃薯条，喝可乐。我做到了。我证明了我可以控制自己，可以不让自己觉得紧张。我安全过关了，我过得很好，跟我的朋友们相处得也很不错。我做到了。

几天后，我试图去想我怎么安然度过那天晚上的。我没有带任何尖锐物品，也没有带烟和打火机，我并不认为我是在自救或者自控。我想让自己享受美好的时光，投入当前的生活。我想上厕所的话，我就过去上，然后再出来。我没有坐在厕所里，用尖锐的器物割伤自己的手。我没有捏或捶打自己的大腿，直至出现瘀青。我表现得正常，跟大家正常地交流，听听他们说的话。让我自己安然过完那个晚上，其实就是在善待自己，就是我送给自己最好的礼物。

自那之后，我再也没去过那家酒吧。除非有绝对的必要，我认为我短期内不会再去那里了。那天晚上我过得不错，而我也还有很多时间去别的酒吧，去体验新的生活方式，去创造全新的记忆。

在我看来，恢复的过程就包含了许多像那晚那样的经历，但这些经历并不都像那天晚上那么顺利。恢复的过程可不像拍照那么简单，只要摆好造型即可。恢复的过程不是像把两个不同的点连起来那么容易。有时候，我的病情会反复，我觉得我之前养成的好习惯我都忘记了，有时候我还是会自残、会酗酒，我会做出不理性的、危险性的行为，我把身边的亲人和朋友推开，不理会他们。通常，发生这种状况之后，我就会因为没有吸取教训而自责不已，这让我的症状变得更加糟糕，然后一边照镜子，一边想："好吧，我难道太老了，我还知道别的更好的发泄方式吗？"

你知道所有的治疗方法，这并不意味着你总是知道该怎样使用它们。然而，随着每一次复发，我都会花费更少的时间冷静下来，让自己重获控制权，并且也能更快地找到合适的"工具"去处理。从以前好几个月的恢复期缩减到现在的几周。有时候我很快就明白了自己的症状，并为自己的"战斗"做好准备。

我很容易自责，很容易对自己做出消极的评价，所以很难善待自己，很难为自己的正面行为感到骄傲，很难为自己开口向他人求助感到欣慰，很难为自己赶赴了朋友的聚会感到开心，很难为把自己的问题告诉他人感到轻松。有时候会觉得所有的压力都在朝自己涌来，但是没关系，我的生活不是美国电视台举办的化妆秀，我不会推着一车肉走上舞台，说我减了多少体重。我不是要展现不为人知的自己，我还是跟以前一样，只是比以前更加勇敢、更加自信而已，我仍然需要偶尔离开生活的舞台去进行治疗，但是，我会很快回来的，不要担心。

我也明白了，有时候，我的焦虑症也是能保护自己的。我的叔叔患癌过世，我回荷兰参加他的葬礼，我跟父亲及其他家人一起去了教堂。看到我的堂兄弟姐妹、婶婶和父亲悲伤难过的样子，我也很难受。

我转过头，不去看父亲强忍着泪水的神情，我环顾四周，看看有多少人参加葬礼，大概有上千人。跟亲友们抬着棺材下葬的时候，我告诉自己，我不能晕倒，如果我绊倒了其他人，那么这状况可就没法收拾了。你能够想象吗？如果你绊倒了其他人，其他人又绊倒了别人，那么棺材就会掉到地上，那这罪魁祸首就是你了！

当我安然无恙地回到教堂的座位上时，仍然很紧张，我仍然在想：如果现在呕吐了那该怎么办？要是再昏迷了，那大家就会觉得你不安分，居然想在葬礼上抢风头。

我知道我不能任由上述的想法控制住我，我必须保持清醒，我不能走神。我的堂兄弟姐妹在我这边，我父亲在另一边。

我试图去想以前的经验，我动用了心理治疗“工具包”，好的，呼吸，深呼吸。我深深地吸入一口气，然后慢慢地通过口腔呼出。我放松了双肩，双手轻轻握拳，然后松开，我告诉自己一定要挺过去。我做到了。

葬礼之后，我花了几天时间才摆脱自进入教堂时就产生的那种紧张感，回到伦敦后，这种紧张感渐渐地消融掉。随着时光流逝，这种感觉似乎已经完全消失的时候，我才突然清醒过来，我清醒过来之后，脑海里只有一种想法：我叔叔死了，我的父亲再没有弟弟了，我的婶婶失去了她的丈夫，我的堂兄弟姐妹失去了他们的父亲，还有到教堂参加葬礼的人们，他们也失去了一位重要的朋友。

参加葬礼的那段时间里，我可不想在其他人面前表现出悲伤的样子来，所以，我都是在没有人的时候独自哭泣。那天在教堂时，我的焦虑症让我专心想一些事情，它们吸引了我的注意力，后来我才开始为叔叔的离世感到伤心难过。我非常感激自己奇怪的大脑，因为这是它第一次做出对我有利的反应。

恢复

恢复的过程就是要学习，要吸取经验，一次只能走一步，只能慢慢来。我遇到挫折时，就会意志完全消沉，悲观的想法会一直在脑海中盘旋。我感觉眼前一片漆黑，我觉得我不仅仅是“有点儿难过”，而是像世界末日来临了一般。

要让自己渐渐恢复，我认为，最重要的还是关注能让自己开心的小事情。我只要按如下的方式去做，就能够让思绪避开那恐怖的“黑洞”。

列清单

在本书中，你已经看到很多清单了，所以你可能已经列好了属于自己的清单。对于这些清单，我没法说出它们的所有好处。清单看起来有系统性，没有清单，我就没有踏实感。

我的房间里堆满了各种清单。我没有一天不用到清单的，即便是假期里，我也会列出一份想读的书的清单，也会规划自己要晒多久的太阳。清单能够简化生活中遇到的各种问题。如果你把“赚更多的钱”变成“给某某杂志报纸做自由撰稿人”“在周日把工作日的午餐都准备好”“向以前的室友讨要欠自己的钱”，那么就更容易达成赚钱的目标。

我可以将自己的各种清单按时间分为“未来的”和“过去的”两种，将要做的事和想要达到的目标清单是关于未来的，就列为未来清单，即便是半小时后就要去做的事情，也是关于未来的。有些清单是可以帮我们回顾过去的。一天结束的时候，我会把当天困扰我的事情都列在清单上。我今天为什么会感到不安？我今天为什么而难过？我为什么会有这种感受呢？

有意思的是，我在 Buzzfeed 第一份工作的任务就包括列清单。作为特约撰稿人，我需要学会转换表达方式，如“害羞”“成为书虫”“成为老大”这种话，我必须列出这些词句的其他特点，并将它们写进相应的新闻报道的标题中。很多人都不喜欢这种写作方式，然而，我做这一行已经做了三年了，我知道我列出的清单都代表着一段经历，好吧，并不是探索人类心理的长篇大论，只是短小精悍、有头有尾的小故事。

工作之后，我也会列出自己的清单。我想象自己赶任务，赶到最后期限了还没做完，我会怎么办？那时候我会有什么感受？我怎么会有那种感受？

玩“模拟人生”这个游戏时（我还没找到网速够快的笔记本来玩我最喜欢的游戏），我会用一种特别的方式去玩。我会选择一组角色（通常是跟我本人或者我想要交往的男人相似的），按下暂停键。我会设计出我想要他们做的各种事情，然后按下播放键，看着他们按我设计的那样去生活——让屏幕上的红色条纹格变成绿色，或者让那一对动画情侣生个孩子。我有时也会在游戏的中途按暂停键，因为我需要时间去思考那些动作是我设计出来的，我想要好好感受一下这种成就感。设计这些动作很难，而我已经设计完了，我要试着玩一玩。

我的人生我自己做主。有时候会感觉列清单太过呆板了，但这也能给我一种有掌控权的感觉。即便在我无所事事的时候，如一个闲散的周末上午，唯一的任务就是起床尿尿，我都会列一份清单，如读完那一章，看看那篇八卦博文，向朋友发送一组狗的表情包等，这些事情都很容易做，也能让我满足于自己所拥有的生活。

清单能让我知道接下来要做什么，对我来说抑郁症和精神分裂会让我的生活毫无意义。过去，我曾过过这样的日子，我不得不放下手头的工作，躺在地上什么也不做。这不是因为我累了，只是我不知道该怎么继续做手头的事情，所以我干脆什么都不做，就平躺在那里一动不动，要想摆脱这种状态，就要去想自己应该要做的事情。继续下去吧，做那件事，从开始做到结束，你能行的。

手机应用

玩手机既有好处，也有不好的地方。我心情好的时候，翻翻手机，看看那个可能跟我前男友约会的女孩在做什么，我可能马上就不开心了；心情不好的时候，翻翻手机，可能心情马上就“由阴转晴”了。

跟在剧院认识的那个花花公子分手的时候，我更加迷茫了，我发现，我根本无法停止想念他，想念他的想法逐渐占据了我的整个大脑。我一遍又一遍地回想着分手时的情形，我回忆着所有我做过的导致他跟我分手的事情。我跟他在一起的时候，他却想有自己的空间，所以我们根本无法好好沟通，我无法向他倾诉自己的思想感情，只好自己消化处理。

分手之后，我离开了家，去见一位老朋友，去看我最爱的摄影师的影展，但这都没法改变我的状况。我看到什么都会想起他，去任何地方，看到任何事情和人，我都会想起他，最后，我心情很沮丧，根本不想回家。

所以，我又去看威廉·布洛斯的展览，之后，在我乘火车回家的途中，我突然想到，这一个下午，我什么有意思的事都没做。我看着身边那个男士玩“糖果粉碎”（Candy Crush）的游戏。我以前很喜欢这个游戏，也曾玩过一个月的时间，因为玩这款游戏需要购买各类装备，所以我后来就不再玩了。

这时候看到那个男士在玩，我也从手机的软件商店下载了那款游戏，然后就开始玩了起来。最初的几关很容易过，玩了几关下来，你就会有成就感，但后来主要就靠运气了。我觉得，玩这个游戏确实不需要太多技巧，但是不同的游戏玩家可能有不同的看法。

我还没到站，就已经完全不想念我的前男友了。到了公寓之后，我跟室友打了个招呼就趴到了床上。我已经列了一张适合分手看的电影清单，我认为看这样的电影能让我度过失恋的沮丧时光。我已经看了五部电影了，接下来，我想看文斯·沃恩主演的《全职浪子》。沃恩虽然跟我的前男友一点儿也不像，不过看着他的侧面，看着他的下巴，我还是把他当成了我的前男友，我实在没办法控制自己，所以干脆关掉了电脑，闭上了眼睛，让自己沉浸在思念之中了。

可是思念太过痛苦，而我又不想一直让自己陷在痛苦之中无法自拔，于是，我又拿起了手机，继续玩“糖果粉碎”的游戏，一直玩了好几个小时，我从来没有这么专注过。当时已经是晚上了，从看过书展到回家我还没有哭过，这是一次进步！一个朋友发信息来问我过得怎么样，我回答说“我坚持下来了”，这是我对别人的问话做出的最积极的回应了。我继续玩游戏，玩到凌晨 3 点，然后就去睡觉了，梦里我都梦到天上在下糖果雨。

我不再想我的前男友之后，就戒掉了“糖果粉碎”的游戏。我又开始读书、看电影，甚至还会写一些伤感的诗——不过玩游戏这招的确有用。

我并不是让你花一整天时间去玩游戏，以避免抑郁症发作。对我来说，不去光顾那些常用的社交平台 APP，转而去玩游戏就是一种进步。它让我能够过好自己的生活，能够起床去赶地铁，它还让我有了某种期待，让我总是期待着独自玩游戏的时间。“糖果粉碎”我最终玩到了第 90 关。我不知道这样的成绩算不算好，但如果不好，也请不要告诉我。

养宠物狗

看到狗，我就会很兴奋，很想靠近它。如果可以的话，我会接近那只狗，并爱抚它，但如果主人实在受不了我这么一个疯狂的金发女郎靠近自己的宠物，或者有什么让我无法去靠近它，那我就会远远地看着。

狗和狗是不一样的，虽然它们都很聪明，但每只狗都是独特的个体。我最爱的是老狗，就是那种有一点儿年岁，看起来很有故事，能够告诉你 2009 年爆发的狗战的故事的那种。我喜欢愿意保护主人的狗，它们知道你什么时候会难过，你难过时，它们就倚靠着你的膝盖，给你安慰。

我收到过的最好的一份礼物，就是一只宠物狗，但我并没有拥有它，我只跟它散过一次步。那时，我刚刚遭遇过一次性侵，所以不断地去看医生，我情绪沉闷低落，甚至不知道该怎么重新开始自己的生活。

那时候，我的朋友 D 让我去蹲尾区跟他见面，那里距我居住的地方很远，我根本不想出门，更别说还要穿越大半个伦敦了。我太过敏感了，即便是过马路都会头痛。而 D 却坚持让我过去，我心里也清楚，我必须跟人打交道。我一个人的时间太长了，这样对我不好。

我起了床，刷了牙，穿上了一件我妈穿过的褪了色的夹克衫。我希望途中不会再遇上其他人，因为我已经汗流浃背了，甚至取下了头上的帽子，身上的汗臭味令人难以忍受。我赶到芬斯伯里公园，见到了 D，然后又搭乘公交车一起去了蹲尾区。他不停地说话，而我就靠在他肩头假寐。

在蹲尾区的公园里，我们坐在长椅上闲聊了一会儿。我越来越心烦——我是说，如果绕了大半个伦敦只是为了到公园里坐一会儿，我还不如就在家附近的公园里逛逛呢。下午

2 点时，D 收到了一条短信，我开玩笑地问，是不是他的某个红颜知己发来的，要是打扰到了他，我就回家了。

他就像没听到我的话一样，无动于衷地把我带到了街角的一栋房子前。我还是没想通他这是要做什么，我很确定，他在蹲尾区没有什么熟人，更不用说还是拥有这么一栋漂亮房子的主人。一个光彩照人的女士走了出来，她跟我一样，长着一头金发。她跟 D 打了招呼，然后便让我们进了门，进门之后，我就看到了有生以来所见过的最漂亮的一只金毛犬。“谢谢你来带米罗去散步，”她说，“想什么时候回就什么时候回，不用着急！”

说完，她就关上了门，而我完全不敢相信自己所见到的这一幕——这么可爱的狗居然正在我脚旁闻着我那双旧匡威鞋，我不敢置信地瞪着 D，问道：“真的吗？我也可以跟你一起遛狗吗？”“当然，出发吧。”

原来，热衷于玩约会 APP 的 D 创立了自己的 APP——代我遛狗。在这款 APP 上，狗主人和爱狗人士可以相互联系，相互帮助。D 以前也帮过忙，带米罗去散过步，所以米罗的主人一见到是 D 找来，就很高兴，还说 D

想带米罗去哪儿就去哪儿。

米罗是很听话的。我让 D 用皮带牵着它，这样我就能够跑到它前面去，看着它可爱的样子。我们走到公园附近，令我惊讶的是，根本没有人注意到它。我真想大喊：“快来看快来看，这只狗多可爱啊，看！”

到公园的咖啡屋时，我们进去喝咖啡，还点了三明治，米罗很耐心地坐在我们身边等着。米罗很温柔可爱，一点儿也没有给我们添乱，它真是太有魅力了，完全吸引了我的目光，我忍不住一直盯着它看。我一直在看它，看它在做什么，露出了什么表情，它走路的姿态和它嗅来嗅去的样子。它让我暂时告别了抑郁症。

那天下午我过得很开心，我甚至想着，以后一定要养一只像米罗这样的狗。那次带米罗出去散步，我就趁机走出了家门，呼吸到了外面的新鲜空气，我重新振作了起来。

如果你的恋人心情不好（而他又恰好喜欢动物），那就抽空带他去动物园或水族馆看看吧，也可以去遛狗或者去农场玩玩。告诉他，动物也是生命，爱动物是很简单的，也是能让人恢复活力的。米罗让我想起了童年时见过的狗，它们有的曾吓到过我，让我大哭；有的帮我捡网球，给我带来了快乐。米罗也让我不再那么以自我为中心，希望你也会认识像米罗这样的狗。

看电视

很多电视节目都是连续不断的，让你一次从头看到尾，你甚至没法正常饮食和穿衣。你只是坐在那里，跟你的沙发融为一体，偶尔起身上个厕所。

我感到沮丧时，就会一直坐在那里看电视，这会让我觉得，一切并不太糟。如果我一直看电视，那别的任何事我都没办法专心去做。我不能读书，不能睡觉，也听不到别人说话。我只会看以前经常看的电视节目，如《宋飞正传》、《公园与娱乐》或其他无聊的电视节目，或关于刑侦破案的节目和剧集，如《法律与秩序》《傲骨贤妻》等。

我觉得，看《公园与娱乐》这种节目让我心情愉快，我看过节目里介绍波尼族人（北美大平原上的印第安人，居住在美国俄克拉何马州北部）的生活，所以去俄克拉何马州的时候，我感觉就像回家度假一样。我很了解那个地方，我了解生活在那里的那个民族，以及他们的故事。在这个节目里，我知道哪些玩笑话能让我大笑，我也知道应该跳过节目的哪些不太精彩的部分。《公园与娱乐》这个节目既没有什么新奇的内容，也没有什么不堪入目的内容。看这个节目，我不会从头一直看到结尾。如果我看到了结尾，那我也可以重新倒回去看，这没什么要紧的。

像刑侦类的节目，如《法律与秩序》，这类节目最让我开心的是，大部分案件都顺利得到了解决，一切看起来都是很有条理。这种节目并不是让人感到轻松愉悦的那一类，其内容取材于美国犯罪率高发的那些城市里发生的真实的生活悲剧，不过节目是以叙事的形式展开的，让人很容易接受。

像《法律与秩序》《犯罪心理》《萤火虫》《辛普森一家》这类电视节目和剧集，另一个特点就是，故事都是片断式的，也就是说，各集都是相对独立的故事。每看一集，你就能看到其中的冲突矛盾及其解决过程。你可以随意挑选剧集观看，想换哪集就可以换哪集。《法律与秩序》中也有很多悲剧性的故事，这让我保持冷静。我不用急着在一周内把整季的节目都看完，因为可以看的有很多。我很喜欢看这类节目，我可以一会儿看这集，一会儿看那集，而且问题的推理完全不需要自己动脑猜想，这种工作自有优秀的侦探们来承担。

心情低落的时候，我逗弄逗弄狗，看看电视节目和剧集，玩玩手机和电脑游戏，就能够充满活力，即便心理疾病还会发作，我也不会太过担心。YouTube 上的视频更新结束，看不到新的视频，我会不开心，但不管怎样，我心里的生命和活力的源泉都没有枯竭，我仍然想感受这个世界，我仍然想有人记得我，我仍然想帮助他人，也很希望能帮助自己。我为对抗心理疾病付出过的努力，不能当作没有发生过，我不能贬低了自己，说自己是懒虫。我已经为对抗心理疾病付出了很多，我还会继续坚持下去，我很自豪，因为我一直在为自己而坚持不懈。

我虽然有各种心理疾病，但是我内心还是热爱生活的。我喜欢玩滑索，喜欢鲨鱼，喜欢去野外游泳，喜欢听到小孩子的笑声。虽然抑郁症一直像砖墙一样束缚着我心中热忱的火花，但在生活中，我还是尽量表现得热情积极，我会不停地尝试新事物，对我来说，这样的尝试能够激活我的大脑和身体，这让我重新振作精神，学到新技能让我为自己而骄傲。即便尝试失败了（如学杂技的时候），但尝试的过程会让我非常尽兴，非常开心。

让我精神振作的事情如下。

- 吃带咸味的甘草，吃过之后一定要用舌头吮吸口中留下的味道。
- 洗一个热水澡，然后绕着房子转一圈。
- 把脚指甲涂成五颜六色。
- 读一首很棒的诗，快速记下来。
- 自己写一首诗，可能并不怎么好，不过这不重要。
- 平躺在地板上，闭着眼听音乐。
- 跳入一个冰冷的水池中。
- 待在水池中的时间比平常的时间更长。
- 做肩倒立（一种瑜伽姿势）。
- 做肩倒立，保持不倒。

- 早起去散步。
- 乘坐地铁或火车去一座陌生的城市，下车之后，体验一次全新的旅程。
- 日落的时候在树林里想念朋友们。
- 跟朋友们游泳，并跟他们戏水。
- 下雨的时候慢慢地骑自行车。
- 午夜时分骑着自行车快速穿过空空的街道。
- 一边大声唱歌一边快速骑自行车。
- 参加一场聚会，竭力用最高音唱每一首歌。
- 一口气扎入海水中，而不是一点儿一点儿地沉下去。
- 为某人做一顿有三道菜的饭。
- 看一件令我着迷的艺术品，一直看到我腰酸背痛。
- 走进喧嚣的体育馆看比赛。
- 参加一次远足或者演讲。
- 洗澡的时候随意哼曲子。
- 坐一次过山车，体验一下活着从过山车上下来的感觉。
- 乘坐飞机回家时，看到家人们齐聚机场来接我。
- 看一场能让人感动的演出。
- 拥抱一只我从未见过的狗。
- 拥抱一只我以前见过的狗。
- 拥抱所有的狗。

第12章

当你悲伤时，请记住

大女人（指性格强悍、有超出普通女性性格优点的女人，她们通常有女权主义思想,比较强势）不哭,她们不喜欢咆哮、怒吼、悲叹、啜泣、号叫，不喜欢泪如雨下。

我却总是哭，不只是因为我患有心理疾病。事实上，我从未因患有抑郁症而哭过。抑郁将其他的情绪都挤出了我体外，让我的心中弥漫着一层冰冷的、浓厚的雾。我哭是因为我敏感，我很容易被打动，我喜欢坐在盛满了水的浴缸中，一直哭到声嘶力竭。悲伤的时候，有的人喜欢随意散步，而我喜欢哭。

我每天都会浏览脸书，所以每天都会哭，因为网友们喜欢在网上发布当人经历磨难时的那种催人泪下的视频。我在工作的大部分时间里也都是在制作这样的视频，我知道他们是怎么制作的，也知道那些煽情的画面背后是怎样的故事，但是，一看到那样的视频片段我还是想哭。我看的煽情的视频有很多，我不仅会因为看到了可爱的老爷爷而哭（对不起），也会因为看到父亲为孩子做的好事而哭。

我知道，我不应该那样，父亲只为孩子做了一件事我就哭了，母亲可是一直在为孩子付出，但她们的故事却没有被放在网上让我看到。无论如何，我哭都是出于本性。我曾经看到过这样一段视频，一位父亲在镜子前给牙牙学语的小女儿做了一次励志演讲，很快我的键盘就被泪水打湿了。

不看视频的时候，我也会哭，我也很容易哭。一次，我将一块卵石踢到了马路上，一辆车刚好从卵石上碾轧过去，我就告诉自己，我扼杀了那块卵石，然后我就会哭。如果事情发展不在我的控制范围之内，比如外出的时候把银行卡落在家里了，去朋友家过夜却忘了带药，乘坐自动扶梯时被别人撞了，我都会哭。

有时候我哭并不需要什么理由，一旦感觉到泪涌出了眼眶，我就无法控制自己了。夏天的时候，我会涂抹浓厚的眼影来掩盖我哭过的痕迹，冬天就比较麻烦一点儿，但通常都可以用风太大了来掩饰。

我嗜哭成瘾，我曾在以下所述的地方大哭过。这些地方有的比较隐蔽，能够让我安心哭，不受打扰，有的则跟我悲伤的情绪相吻合。当你悲伤时，你也可以在以下的地方哭。

- 公交车上层的前座。
- 高温瑜伽课。
- 优步车后座。

- 最喜欢的书店的自助区。
- 独自坐在公园里的小船上。
- 现代艺术博物馆。
- 排队等候机场安检。
- 排队等候晚间公交车。
- 空无一人的影院。
- 麦当劳的海洋球池。
- 自家的浴室。
- 健身房的浴室。
- 任何地方的浴室。
- 自行付费结账的零售机器旁。
- 钟楼顶端。
- 工作单位的复印机旁。
- 当地超市里准备好的餐桌旁。
- 过山车上。
- 滑水道上。
- 赛狗会上。
- 园艺中心。
- 百货商店的婚纱区。
- 码头。
- 做按摩。
- 酒吧最里边的一张桌子底下。
- 理发师给你看了新发型之后，你可以在理发店里哭。

- 宜家家具店——任何地方都可以，但最好的地方还是一个可以让公众自由哭泣的地方，这样的话，哭的就不止你一个人了。

我之所以喜欢哭，是因为我不觉得哭有什么不好。大部分时候，我都是很情绪化的。通常，我上一秒还在因自己所拥有的一切而感到满足，但下一刻，我就会因生活的平庸无奇，没有什么好事发生而哭。我以后可能会比现在更能控制自己的情绪，但却不可能完全改变自己的个性。我总是像别人说的“有点儿过分”“有点儿紧张”那样。人们都说我是“疯子”“不正常”“捣蛋鬼”“累赘”“不可靠”，更糟糕的是，人们还说“你会一个人孤单去死”。

好吧，也许我真的会独自死去，但是死之前，我会竭尽所能过好自己的生活，我会尽量过得有活力。我会去探险，照顾自己和自己所爱的人，偶尔我也会放松一下，回归到世界之中，看看这世界给我提供了什么。

14 岁时，我还没有饮食失调，也没有自残，我参加了学校举行的毕业舞会。当时，我们在卡塔尔的多哈，住在一个满是路虎揽胜，家里都有私家泳池和女佣的社区里。当时，我完全融入不了那个社区，我也不想在那里长住。一个朋友把我送回了家，可我还没进门跟父母打招呼，就先去了社区里的公共泳池。

我当时仍然穿着舞会的礼服，是橙色的，腰间挂着一条黑色的腰带。我觉得自己穿这身很漂亮，很有魅力。我很喜欢穿这件礼服。在舞会上，我跟一个我喜欢的男孩打情骂俏，我是那次舞会上第一轮去跳舞的人，那天晚上我过得很愉快。社区的泳池旁没有人，夜幕黑沉沉地压下来，一片漆黑。

我走到泳池旁，还一直想着舞会上播放的最后一首歌：巴斯达韵和玛利亚·凯莉的《宝贝，如果你和我在一起》（*Baby If You Give It to Me*）。我一直低声哼唱，最后居然大声唱了起来，歌声就像在风起的时候吹蒲公英一样，飞扬出去。我闭上了双眼，深呼吸了一次，转过身，倒进了冰凉的池水中。我面朝天空漂浮在水面上，天就像家里的房顶一样。我游得累了就从泳池里爬了出来，脱掉了礼服，用别人扔在泳池旁的毛巾裹住了身体，回了家，心里还是为这次小小的奇妙经历而感到高兴。

当遭遇不如意的事时，我总会想起当时在泳池旁的感觉，那是放下了一切的感觉，轻松自在的感觉，以及为自己而高兴的感觉。有的人安于被保护的安全感，而我则想要像那天晚上的那种惬意洒脱的感觉，那时的我年轻、随性、乐观、积极。

我悲伤的时候——不是那种催人泪下的悲伤，而是真的迷惘困惑——我就会想到，我真幸运，我还有很多泳池可以倒；悲伤的时候，我会想到，我还有新的征程要走，还有新的故事要写。我不能重复过去的经历，但却可以用过去的经历指导自己的未来。我还有很多书要读，还有很多乐曲要听。悲伤的时候，我可以一直陶醉在那些美好的小事物之中：别人画的眉毛，别人的酒窝，别人给我发的明信片，一片橙皮，一堆铅笔屑——还有很多我没有遇到过的其他美好的事物，以及那些令人惊叹的奇妙情境。我爱过他人，也能够给予他人爱，我会学着更好地爱他人和其他事物。

未来是美好的，而现在也可以变得很刺激。生活瞬息万变，我也是如此。我可以改变自己的观念和行为，我可以重生，我可以得到进步，我可以努力。我是勇敢的，有时候我也会坚强，我为自己拥有坚强勇敢的品性而感恩。我能够克服自己从未想过能克服的困难。

所以，你也要记住，有时候生活是很艰难的，但只要你继续前行，就像你翻这本书一样越过那些艰难险阻，一切都会好起来的。

致谢

几年前，劳拉·威廉姆斯找到我，说想成为我的经纪人，听到这话，我简直不敢相信自己的耳朵，大叫出声："为什么？为什么为什么？"但后来，我平静下来之后，还是回答："好的。"这也是我们建立友情的开始。劳拉给了我一个巨大的机会，我惊恐地看着她，完全不敢相信这是真的，而她却告诉我，我应该把握住这次机会，因为这对我有益。多亏了劳拉的支持，我才得以完成这本书，而没有因焦虑而死亡，她既是我的经纪人，也是我的好朋友。还要谢谢 PFD 的所有人，尤其是玛丽利亚，谢谢她一直对我的热忱支持。

还要谢谢邦尼集团的所有人：娜塔莉、埃利斯、九月和有眼光的文字编辑们。还要谢谢莫文娜，在我认为本书写得不怎么样的时候，她读完了我的初稿并发给了我一封可爱的电子邮件，它让我重新有了激情和动力。谢谢你们。

还有荷兰Unieboek |Het Spectrum出版集团的老总Sladjana，谢谢你。自我们相识以来，你一直是我的支持者和拥护者，每次跟你在一起，我都觉得自己很有安全感，很有力量，谢谢你。

还要特别感谢我在Buzzfeed的所有同行。当我深陷绝望和痛苦之中时，是你们的风趣幽默将我解救出来。我对你们真是感激不尽。我爱你们，吉姆、凯莉、弗朗西斯、劳拉·G、雷米（因为你们总能给我新的灵感），还有詹娜（因为你发现了我未曾发现的东西）和汉娜（谢谢你推荐的书和所提的建议），以及维多利亚对我的信任和担心。还要谢谢聊天群里的所有人，感谢你们的支持和友善。我永远不会忘记你们。谢谢保罗·汉密尔顿带我去那家韩国餐厅，并且非常和蔼地告诉我，我应该努力过好自己的生活，谢谢你把你的心理健康问题告诉我，谢谢你让我不再那么孤独。谢谢你，丹，很抱歉让你看到了我最不堪的一面，谢谢你给我找碴，谢谢你没有放弃我。

谢谢所有在网上跟我交谈过心理问题的人，在Ins、推特网和脸书群组里的所有网友，还有在红迪网和Buzzfeed状态评论下跟我交流过的所有人，谢谢你们让我觉得我是在做一件很重要的事。谢谢我的医生苏珊娜，你让我重新掌控了自己的人生，谢谢你教会我要怎样对自己好一点儿。

谢谢我在BBC交到的所有新朋友。谢谢梅佳总是让我发泄自己的情绪，谢谢你从不批评我。谢谢BBC数字工作室的所有同事，谢谢你们支持我的书，谢谢你们让我参加公司的活动，能参与这次活动对我很重要。

还要谢谢给本书配图的才华横溢的弗洛，谢谢你从一开始就对本书非常热忱，谢谢你陪我走这一程。虽然我说的笑话并不好笑，但听到我的笑话后，你却总是大笑不止，谢谢你。谢谢你让我对自己感觉良好，有你陪伴真的很棒，我非常爱你。

还有我的朋友劳拉·布劳威尔，你既才华横溢，又美丽过人，聪明机智，待人和善友爱，我已经完全爱上你了。谢谢你总是为我感到自豪，你就像我的家人一样。谢谢热情洋溢的法国女士维，你总是知道应该说什么，也一直支持我。谢谢艾拉达，你教会了我很多东西，这真是不可思议。谢谢你在我管不住自己的身体和心灵时，给予我帮助。在我担心没有人能够理解我的时候，是你介绍我加入了红迪网的 BPD 论坛，谢谢你，谢谢你的忠诚和勇敢，你真的很棒。

谢谢我亲爱的家人们，母亲、父亲、雷恩、桑迪、安妮和蒂姆。我知道，你们要读完这本书很不容易，谢谢你们一直在我身边陪伴我，支持我。桑迪，你是男人们心中的梦中情人，我爱你，你真是太聪明了——不过你只有 12 岁。（开玩笑的！）安妮，你会一直是我的偶像，你是最棒的女人，能跟你成为姐妹真是我的幸运。谢谢男朋友阿列克斯的父母亲克里斯和帕特。谢谢杰·阿麦隆，你真的很有才，对我真是太好了！谢谢科德和瑞克，总是让我在你们家写作，并用你们烧的热水。谢谢瑞克提出给我的新书举行发行会，如果你愿意，你也可以来帮忙。

最后，还要谢谢我的男朋友阿列克斯，谢谢我遇到的所有人和事。好啦，就到这里啦！

哈哈，还没结束，去你的，我要说的太多了。阿列克斯，你真是太帅了，你真是我的坚强后盾，无论我有什么想法，你都会支持我，谢谢你。我请你来读我的初稿，谢谢你的冷静和支持。谢谢我的前男友，谢谢你付出的爱、慷慨和热忱，谢谢你的耐心，尤其是在对待我的 BPD（边缘性人格障碍）上，跟我交往，就像跟一个带着有毒的海胆，却想要获得他人真心的女人交往一样。我知道，我向你表达爱意的主要方式就是把你甩到地上，用针刺你的肚脐，或者在公众场合对你大吼大叫，说很多不该说的废话，跟你开不合时宜的玩笑。你已经从很多方面改善了我的生活，而我也完全被你的爱征服了。你让我认识到，我可以变得更好，而不是某人“疯狂的前女友”，我可以不再那么疯狂，我可以变得正常。

最后，还要告诉那些在本书中读到自己故事的人，你们没有“坏掉”，你们还没有输。请继续下去，慢慢来，不要着急。对自己好一点儿，不要忘了，你们要出门去散心，尽情地爱抚你们自己和他人的宠物狗，尽情地享受生活。